교양강좌

청소년의 정체성과 가치관 형성을 위한 입문서

현대사회와 철학

3차 개정판

조정호 · 이재준 · 정영희 지음

교육과학사

머리말

3차 개정판을 내며

이 책이 나온 지 어느덧 10년에 접어들었다. 10년이면 강산이 변한다는 속담처럼 한국과 지구촌 사회는 그동안 크게 변하였다. 알파고(AlphaGo)가 세계적인 바둑기사 이세돌을 압도적으로 능가하는 등 인공지능에 의한 제4차 산업혁명이 전망되었고, 청소년과 기성세대의 가치관 격차가 갈수록 벌어지고 있다. 국내에서는 최고 권력자인 대통령이 탄핵 소추되며 어느 때보다도 민주주의와 상생의 가치관이 강조되고 있다. 이러한 새 변화 속에서 우리 청소년이 한국사회의 성원으로 올바른 정체성과 가치관을 형성하는 데 보탬이 있도록 3차 개정에서는 다음 사항을 중심으로 책을 개정하였다.

첫째로, 2016년 다보스 포럼에서 대두되어 세계적으로 확산된 제4차 산업혁명 등 사회변화의 최신 내용을 보완하였다.

둘째로, 글로벌 사회와 다문화 사회의 이해를 높이는 관점에서 전 세계 사람 중 약 1/4이 믿는 이슬람 내용을 추가하였다.

셋째로, 대학 초년생 신세대의 특징을 고려하여 학술 용어를 가급적 쉬운 말로 풀어서 쓰고 사진 자료 등을 보충하였다.

이밖에도 학문 발전과 사회 변화에 따른 최신 내용을 반영하고 통계자료 등을 수정하였다. 이러한 개정이 동양, 서양, 한국의 사회와 삶 및 철학에 대한 청소년 독자의 이해를 높이고 올바른 정체성과 가치관의 형성에 조금이나마 도움이 되기를 소망한다.

2017년 3월

저자 일동

머리말

2차 개정판을 내며

이 책의 개정판이 나온 지 벌써 일곱 학기가 지났다. 학술적인 책을 내놓는 사람은 누구나 간결, 명료하면서도 알찬 내용을 담고자 노력한다. 저자들 역시 3년 전 1차 개정 작업을 하면서 이 점을 소망하였다. 그러나 개정판을 활용하여 강의를 하는 동안 어려운 내용과 미숙한 표현이 남아 있음을 발견했고 그간 학문의 발전도 있었다. 이에 저자들은 2차 개정의 필요성을 절감하고, 다음 사항을 중심으로 개정 작업을 하였다.

1) '제1부 현대 한국사회의 특징'을 시대적 조류에 맞게 수정 · 보완하였다. 특히 서장(프롤로그)인 제1장을 새로 써넣어 전체적인 내용이 서로 맞물리게 하였다.

2) 도입부 및 본문에 원전의 내용을 직접 제시하여 독자들로 하여금 읽는 맛을 느낄 수 있도록 하였고, 다루고자 하는 주제가 한 눈에 파악될 수 있도록 하였다.

3) 학문발전에 따른 최신 학술자료를 보완하여 시의성 및 엄밀성을 높이고자 하였고, 전반적으로 문장을 짧고 쉽게 써서 독자가 보다 쉽게 내용을 파악할 수 있도록 하였다.

이 책을 통하여 동양과 서양의 철학사상을 함께 만남으로써 삶과 현대 사회를 바르게 보는 슬기를 얻기 바란다. 독자의 거리낌 없는 꾸지람과 도움말을 기다리며, 저자들 또한 이 책을 끊임없이 가다듬어 갈 것을 약속드린다.

2013년 2월

저자 일동

개정판을 내며

이 책의 초판을 펴낸 후, 강의에서 활용하며 적지 않은 수정 요구에 직면하였고 또한 부족한 사항을 파악하였다. 이러한 수정 사항을 반영하여, 이 개정판에서는 독자들이 현대사회와 철학에 대하여 보다 객관적이며 실용적인 안목을 키울 수 있도록 다음과 같은 내용을 수정하였다. 즉,

1) 동양과 서양의 상이한 철학 및 종교적 관점을 균형감 있게 제시하기 위한 수정을 하였고,

2) 오늘날 사회에서 중요성이 점점 더 부각되고 있는 '논리적 표현 방법'을 <부록2>로서 새롭게 추가하였으며,

3) 어려운 학술 용어와 내용을 줄이고 쉽게 바꾸어,

독자들이 철학에 대한 균형 잡힌 안목을 통하여 현대 사회를 이해하는 데 도움을 드리고자 노력하였다. 그럼에도 불구하고, 여전히 부족함이 많이 남아 있음을 느낀다. 좁은 지면에서 다양한 내용을 독자가 이해하기 쉽게 제시하는 일이 매우 어려운 작업임을 다시금 확인하였다. 이 책이, 우리 사회를 중심으로 동양과 서양 철학의 개요를 조화롭게 이해하는 가운데, 청소년의 정체성과 가치관 교육에 조금이나마 도움이 되기를 소망하며, 부족한 점에 대한 기탄없는 질책을 수용하여 향후 지속적으로 수정과 보완을 할 것을 약속드린다.

2009년 8월

저자 일동

안내의 글

이 책은 현대 한국사회에서 성장·발달하고 있는 청소년의 안목을 보다 밝고 넓게 이끌어 주기 위한 안내서이다. 그래서 이 책은

1) 먼저 21세기 현대 한국사회의 특징을 설명하고,
2) 이를 바탕으로 철학의 주요 시사점을 살펴보는 것을 통하여,
3) 한국사회에서 살아가는 청소년들이 삶과 진리에 대한 안목을 키우는 데 도움을 주고자 한다.

위와 같이 현대 한국사회에 대한 이해를 바탕으로 철학 논의가 전개되어야 마땅함에도 불구하고, 오늘날 출판되는 철학 서적들이 현대 한국의 현실을 고려함이 부족한 채, 철학을 사변적으로 논의하고 있음은 안타까운 일이다. 기존에 나와 있는 많은 책들이 저자의 전공 분야나 학술 논문에 초점을 두고, 사회와 철학을 좁은 관점에서 어렵게 설명하고 있는 것이 보통이다.

그렇지만 지금 이곳에서 살아가는 한국 청소년들은 고대 중국이나 현대 서구와 아주 다른 '전통', '근대', '탈근대'의 영향을 모두 받으며 살아가고 있음을 도외시할 수는 없는 일이다. 더욱이 동양, 서양, 한국의 철학 영역과 내용이 광범위하고, 이에 대한 해석도 시기마다 각기 다르기에, 사회와 철학 공부에 생소한 초보자에게 단편만 보여주며 오해를 남기고 지나칠 수도 없는 일이다.

따라서 이 책에서는 현대 한국사회와 한국인의 삶을 근거로 철학 논의가 전개될 필요가 있다는 문제의식을 갖고, 부족한 지면에서나마

현대 한국사회와 철학을 결부시켜 안내해 보고자 시도하였다. 그 출발로서 이 책에서는 '현대 한국사회의 특징'(제1부), '동양 전통철학의 교훈'(제2부), '서양 철학의 교훈'(제3부)과 같이 총 3부로 나누어 내용을 전개하였다. 이 같은 과정으로 안내함으로써, 우리 청소년들이 현대 한국사회에 대한 이해를 바탕으로 자기 삶에 대한 바른 안목을 형성하는 것을 이끌어보고자 한다. 그러하기에 내용을 전개하는 데 있어서, 지루함 때문에 책과 공부를 멀리하지 않도록 분량과 주석을 가능한 한 줄이고, 한자와 영어를 한글로 쉽게 옮겨 주고자 노력하였다.

그렇지만 학술자료와 전문용어의 특성상, 이 책에는 표현을 쉽게 바꾸지 못한 부분들이 여전히 많이 남아 있고, 짧은 지면에 여러 제한점을 지니고 있다. 그래서 이 책이 빠르게 변하는 현대사회에서, 정체성과 가치관을 바람직하게 형성해야 하는 우리 청소년에게 조금이나마 도움이 되었으면 하는 바람만 간절할 뿐이며, 부족한 점에 대한 기탄없는 질책을 수용하여 향후 지속적인 수정과 보완을 할 것을 약속드린다.

2007년 9월

저자 일동

추천사

책을 제대로 써보려고 욕심을 부려본 적이 있는 사람이라면, 책을 쓰는 일이 얼마나 어려운 일인지 잘 알 것이다. 특히 자라나는 청소년들에게 사람이 어떻게 살아야 하는지 길잡이 노릇을 하는 책을 쓰는 일은 더욱 그러하다.

청소년에게 필요한 좋은 책을 쓰기 위해서는 먼저 학문적으로 야무진 데가 있어야 한다. 이를 바탕으로 청소년들이 내용을 잘 이해하고 받아들일 수 있도록 쉽게 그리고 실감 나게 설명하는 능력이 있어야 한다. 그런데 내가 알고 있는 조정호 선생님은 두 가지를 모두 갖고 있는 분이다. 학문적으로 매우 야무질 뿐만 아니라 읽을 사람들을 편하게 해주는 능력을 갖고 있다.

이번에 조정호 선생님이 훌륭한 책을 꾸며 놓고 추천사를 부탁하기에 나의 능력을 생각하면 부끄러운 일이지만 차마 거절할 수 없어서 이렇게 글을 쓰게 되었다.

우리는 흔히 청소년을 올바르게 이끄는 일이 무엇보다도 중요하다고 말한다. 그런데 대부분 말로만 그렇게 할 뿐, 실제로 청소년을 위해서 정성을 쏟는 분들은 매우 적다. 청소년을 올바르게 이끌기 위해서는 진정으로 그들을 사랑하는 마음을 가진 훌륭한 교사가 있어야 하고, 또한 청소년이 반드시 배워야 할 내용을 담고 있는 알찬 교재가 있어야 한다.

나는 이 책의 원고를 받아보고서, 이때 이곳을 살아가는 청소년들에게 커다란 도움을 줄 수 있는 훌륭한 책이라는 것을 알 수 있었다.

이 책은 제목에서부터 어떤 내용이 어떻게 담겨 있는지 잘 드러나 있다. 청소년의 정체성과 가치관 교육에 필요한 현대사회와 철학에 대한 지식을 제공하는 데 그 뜻을 두고 있다. 이를 통해서 청소년들이 이 시대와 나의 삶을 바로 볼 수 있는 안목을 길러갈 수 있도록 끌어주고 있다.

청소년들이 올바르게 살아가기 위해서는 먼저 우리가 발을 딛고 숨을 쉬며 살아가는 현대 한국사회가 어떠한지 잘 알아야 한다. 이 책은 1부에서 한국사회의 다양한 성격들을 잘 설명해주고 있다. 다음으로 청소년들은 동서양에서 일구어놓은 철학의 교훈을 배움으로써 올바르게 살아갈 수 있는 지혜를 가꾸어나갈 필요가 있다. 이 책은 2부에서 동서양에서 수천 년 동안 일구어놓은 철학의 교훈을 핵심을 중심으로 잘 요약하고 있다. 끝으로 청소년들이 삶에서 얻은 경험을 바탕으로 스스로 슬기를 키워나가기 위해서 묻고 깨치는 일이 필요하기에, 이 책은 3부에서 청소년들에게 어떻게 물을 것인지를 잘 안내하고 있다. 청소년들은 이 책에서 마련해 놓은 길을 따라가노라면 자연히 올바른 삶에 이를 수 있을 것이다. 이와 같은 대단한 일을 한 두 분에게 큰 박수를 보내며 글을 맺는다.

2007년 8월

한국인격교육학회 회장

최봉영

차례

2 PART 동양 전통철학의 교훈

3 PART 서양 철학의 교훈

PART 1

현대 한국사회의 특징

"역사에 있어서는 공간과 시간이 일치하는 법이 없다. 무수한 시간과 무수한 공간이 교직되어 있는 것이다."
(김용옥(2012). 『사랑하지 말자』. 서울: 통나무, 59쪽.)

인류는 인공지능에 의한 제4차 산업혁명의 새로운 격변기에 처해 있다. 이 새 시대에 적합한 인성을 모색하기에도 벅찬 상황에서 한국사회는 전통, 근대, 탈근대가 함께 어울려 있는 가치관 혼란 속에서 계층, 지역, 세대 사이의 갈등이 줄어들지 않고 있다. 이 상황에서 글로벌화와 외국주민 비율의 증가는 한국사회가 다문화사회의 과제도 갖고 있음을 나타낸다. 이러한 한국에서 살아가는 청소년들은 올바른 가치관을 형성하고 정체성을 확립하기 어려운 여건에 놓여 있다.

프롤로그: 삶과 철학

1장

내가 (시를) 읽어주면 우리 어머니가 듣고
헤헤 영축(남음과 모자람) 없이 우리 사는 꼴이다이
그런거이 시다냐 참 우습다이 참 재밌다이…"

(김남주의 "이따위 시는 나도 쓰겠다" 중에서)

시가 시인의 전유물이 아니듯 철학도 철학자만의 것은 아니다. 우리가 사는 세상에는 수많은 질문이 깃들어 있다. 이러한 질문을 발견하고 그 답을 찾아가는 과정이 철학이라고 할 수 있다. 철학이란 삶의 바다에 던지는 그물과도 같다. 그물코의 크기와 던지는 방향에 따라 질문의 종류와 해답의 질이 달라진다. 철학을 공부하는 것은 생각의 그물코를 촘촘히 하는 작업인 동시에 그것이 던져질 방향에 대한 고민을 풀어가는 과정이라 할 수 있다.

1 철학으로 세상 보기

우리가 사는 세상은 크게 둘로 나누어 볼 수 있다. 자연 세계(自然世界)와 인문 세계(人文 世界)가 그것이다. 자연 세계는 글자 그대로 '스스로 그러한 세계(自: 스스로 자, 然: 그럴 연)'이다. 그러기에 외부의 도움이 없어도 저절로 굴러간다. 오히려 밖에서 지나치게 끼어들면 균형이 깨질 수 있다. 인류가 처한 생태학적 위기(ecological crisis)나 자연 재해는 사람들의 지나친 간섭에 대한 자연의 경고인지도 모른다.

인문 세계는 사람의 숨결이 보태진 세계이다. 사람은 태어남과 동시에 숨을 쉬고, 죽으면 숨을 멈춘다. 사람의 숨결이 가해지면 세계에는 사람의 무늬(人: 사람 인, 文: 무늬 문)가 새겨진다. 사람의 무늬가 씨실(가로 방향의 실)과 날실(세로 방향의 실)로 만나 탄생한 것이 인문 세계이다. 인류 문명의 역사는 자연 세계의 경계를 넘어 끊임없이 인문 세계의 영역을 넓혀온 것이라고 볼 수 있다.

사람의 숨결은 몸에서 나온다. 몸은 이성뿐만 아니라 욕망도 함께 사는 곳이다. 따라서 사람의 숨결에는 항상 욕망이 실려 있다. 현대사회의 큰 특징 중의 하나는 '욕망의 무한 질주'이다. 만약 이 욕망을 적절히 제어할 수 없다면 우리의 삶은 그 노예로 전락할 수밖에 없다.

여러분의 삶은 어떠한 모습인가? 인생의 가장 중요한 목표는 무엇인가? 어떻게 사는 것이 행복한 삶일까? 인류의 미래를 위해 자연 세계와 인문 세계는 어느 방향으로 가야 할까? 지금까지 살아오면서 한두 번쯤은 품었음직한 질문일 것이다. 하지만 이에 대해 깊이 고민하거나 체계적인 답변을 찾으려는 노력을 기울인 사람은 많지 않은 것 같다. 철학의 출발점은 '지금, 여기(now and here)'이다. 현재 우리가 '서 있는 땅(지평: 地平)'에서 위의 질문을 되새겨 보자. 철학은 이러한 질문들의 심각성을 깨우쳐줌과 아울러 적절한 답을 찾고자 하는 사람들의 길동무가 될 것이다.

2 현대인의 삶: 상생(相生)과 상극(相剋) 사이

대화(對話)와 스포츠 경기의 같은 점과 다른 점은 무엇일까? 같은 점은 둘은 혼자가 아니라 상대방을 필요로 한다는 것이다. 하지만 이 둘은 상대방을 '여기는 방식'에서 차이를 보인다. 우선, 참된 대화는 상대방을 나와 버금가는 소중한 존재로 여긴다. 서로를 살리며 더불어 하지 않는다면 대화 자체가 성립할 수 없기 때문이다. 따라서 대화의 불씨를 살리기 위해서는 상대방의 말에 끊임없이 생명력을 불어넣어야 한다(상생지도, 相生之道).

반면, 운동경기의 미덕은 상대를 이기는 것이다. 상대방의 흐름을 꺾어 생기를 빼놓아야 내 편의 에너지가 극대화된다(상극지기, 相剋之技). 운동경기에 '과학'이라는 현미경을 들이대는 것은 상대방의 허를 찌를 수 있는 합리적인 빈틈을 찾기 위함이다.

우리 삶도 반드시 상대방을 필요로 한다는 점에서 대화 혹은 운동경기와 비슷하다. 그렇다면 우리의 삶을 구성하는 요소들에는 어떤 것이 있을까? 첫째, 대화 혹은 운동경기의 파트너에 해당하는 존재, 즉 삶의 주체인 '사람'이 있다. 둘째, 대화 내지 운동경기가 펼쳐지는 장소, 즉 삶의 공간인 '세계'가 있다. 우리의 삶은 사람과 세계를 '어떻게 보느냐'에 따라서 그 모습이 크게 달라진다. 우리 자신을 포함한 모든 것이 철저한 이용 대상이 될 수도 있고, 함께하는 소중한 존재가 될 수도 있다. 이것은, 보는 일이 잘 이뤄지면 잘 살게 되고, 그렇지 못하면 잘 살지 못하게 된다는 것을 뜻한다. 그러므로 사람이 잘 살아가기 위해서는 무엇보다도 잘 볼 수 있는 힘을 가져야 한다.[1)]

철학은 삶을 구성하는 요소들의 본래 모습에 대한 논증(옳고 그름을 이유를 들어 밝힘), 그것들 사이에서 일어나는 현상에 대한 지적 탐구, 그리고 시비(是非) · 선악(善惡) · 미추(美醜)라는 관점에서 실제 삶에 대한 값을 매기는 일 등을 주요 과제[2)]로 삼아왔다. 삶의 길동무로서 철학은 삶을 보다 잘 볼 수 있는 힘, 다시 말해서 지혜를 얻는 일과 관계가 깊다. 철학(philosophy)이 고대 그리스어(희랍어)인 'philosophia'에 그 뿌리를 두고 있음은 잘 알려진 사실이다. 'philosophia'는 사랑을 뜻하는 'philia'와 지혜를 뜻하는 'sophia'의 합성어로서, '지혜에 대한 사랑'으로 풀이된다.

삶을 어떻게 보고, 어떻게 만들어갈 것인가는 전적으로 자신의 몫이다. 삶은 서로를 살리는 대화일까? 아니면 수단과 방법을 가리지 않고 상대를 이겨야 하는 경쟁일까? 이 책을 통해 우리나라의 고유철학은 물론 동양과 서양 철학에 담겨온 지혜를 배워 자신의 삶을 보다 알차게 디자인하기를 바란다.

이 책의 제1부 '현대 한국사회의 특징'에서는, 우리가 살고 있는 한국사회와 현대 인류가 지닌 특징을 다룬다. 이를 통해 우리 자신을

---

1) 최봉영(2012). 『한국인에게 나는 누구인가』. 파주: 지식산업사, 107쪽.

2) 이러한 철학의 과제는 흔히 형이상학(Metaphysics), 인식론(Epistemology), 가치론(Axiology) 등으로 불리는 경우가 있다. 이를 구체적인 질문의 형태로 표현해보면 각각 다음과 같다: ① 형이상학: 이 세상에 참으로 존재하는 것은 무엇인가? 또한 그것들은 어떻게 생성·유지·소멸하는가?, ② 인식론: 우리는 어떻게 세상의 정보 내지 지식을 획득하는가? 끊임없는 경험의 축적인가, 아니면 이성적 추론의 산물인가? 우리가 진리로 알고 있는 것은 불변의 절대적인 것인가 아니면 변화 가능한 상대적인 것인가?, ③ 가치론: 옳음과 그름, 착함과 악함, 아름다움과 추함을 나누는 기준은 무엇인가? 또한 그 기준은 시대와 장소를 넘어 존재하는가 아니면 변하는 것인가?

둘러싼 한국사회의 특징이 무엇인가를 파악하는 기회를 갖게 될 것이다.

제2부 '동양 전통철학의 교훈'에서는 한국고유철학과 그것에 녹아 한국사상의 기반이 된 유가(儒家), 불가(佛家), 도가(道家)의 철학을 접하게 될 것이다.

제3부 '서양철학의 교훈'에서는 인간을 중시해온 서양사회가 고대, 중세, 근대, 현대로 변천하며 중시하였던 내용이 무엇인가에 대하여 생각해 볼 기회를 갖게 될 것이다.

새롭고 급격한 변화의 가속화

2장

2007년 1월 잡스는 아이폰을 공개한 자리에서
다음과 같이 말을 하였다.
"가끔씩 모든 것을 바꿔 놓는 혁신적인 제품이 나옵니다. …
오늘 우리는 이런 혁신적인 제품 세 가지를 소개하려 합니다.
첫 번째는 터치로 조작하는 와이드스크린 아이팟입니다.
두 번째는 혁신적인 휴대전화이지요.
그리고 세 번째는 완전히 새로운 인터넷 통신기기입니다..."
그는 강조하기 위해 이 세 가지를 한 번 더 말하고 물었다.
"뭔지 아시겠습니까? 세 개의 기기를 말하는 게 아닙니다.
이 모든 것을 구현한 하나의 기기를 말하는 겁니다.
우리는 그것을 '아이폰'이라 부릅니다..."

(안진환 역(2011). Walter Isaacson 지음. 『스티브 잡스』(Steve Jobs), 서울: 민음사, 747쪽.)

현 인류는 정보의 바다에서 표류하는 난파선 승객과도 같다. 과거에는 정보를 가능한 많이 얻는 것이 미덕이었던 반면, 오늘날에는 필요한 정보를 적절히 효율적으로 취사선택하는 지혜가 요구된다. 이제 정보를 얻기 위해 도서관, 컴퓨터, 신문, 방송 등에 매달리지 않아도 된다. 손 안의 스마트폰을 통해 정보를 한곳으로 모아 적시에 활용함은 물론 신속하게 정보를 생산, 전파할 수 있게 되었다. '아이폰'에 투영된 잡스의 상상을 뛰어넘어, 우리는 2015년 말 기준 스마트폰 사용자 수가 34억 명을 넘은 지구촌 네트워크 사회에 살고 있다.

1 지능정보사회와 제4차 산업혁명

정보화의 개념 및 그 시작에 대한 견해는 다양하다. 사회학, 통신공학, 교육공학 등 학문 분야에 따라 정보화의 배경과 시작을 다르게 설명하고 있다. 정보화가 ① 19세기 말 산업혁명과 더불어 시작되었다는 주장이 있는가 하면, ② 1980년대에 대두된 모뎀과 팩스 등을 통한 정보통신의 발전을 정보화라고 보는 의견이 있다. 이와는 다르게 ③ 1990년대 중반부터 시작된 디지털 멀티미디어의 보급을 정보화라고 보는 견해도 있다.

이 가운데 디지털 멀티미디어(digital multimedia)에 의한 정보화란 광 통신망 보급, 컴퓨터 공학과 소프트웨어의 비약적인 발전, 다양한 콘텐츠를 담고 있는 사이버 공간의 확대 등에 의하여 일어나는 변화를 총칭한다. 이를 통하여 산업구조 및 직업세계가 급변하고 있다. 즉, 정보통신 · 전자 · 전기 · 컴퓨터와 음악 · 영화 · 방송 · 출판 · 교육 · 마케팅의 경계가 허물어져서 자연과학 · 사회과학 · 인문학 · 예술 등이 멀티미디어 속에서 융합되는 길이 열렸다. 예컨대 컴퓨터게임인 3차원 시뮬레이션(simulation)이 건축, 설계, 예술, 교육 등 사회 전반에서 활용되고 있으며, 인터넷 망을 통한 사이버 공간은 무한하게 확대되는 동시에 연결되어 있다.

이 같은 현대사회를 마누엘 카스텔(Manuel Castells)은 '네트워크 사회'(Network Society)라고 하였다. 네트워크란 어떤 것과 관련된 제반 요소들을 하나의 유기적 구조로 묶고 있는 체제를 말한다. 이 네트워크 사회에서는 지식과 정보, 자본과 노동, 사람과 사람이 서로 연동하면서 경계를 넘어 막힘없이 흐를 수 있다.

위와 같은 정보화에 따른 변화에 이어서 인공지능(AI, artificial

intelligence)의 변화가 일어났다. '정보화에 의한 변화'는 편리해진 삶에 대한 만족을 가져온 반면, '인공지능에 의한 변화'는 기계가 인간을 능가했다는 충격과 기계가 인간을 대체할 직업변화의 위기의식을 가져왔다. 인공지능 알파고(AlphaGo)[1)]가 세계적인 한국의 바둑기사 이세돌을 압도적으로 능가하는 등 인공지능에 의한 산업혁명이 현실로 다가오고 있다. 이 새로운 혁명은 '제4차 산업혁명'(The Fourth Industrial Revolution)으로 불리고 있다.

'제4차 산업혁명'이란 말은 2016년 스위스 다보스에서 개최된 세계경제포럼(WEF, World Economic Forum)에서 글로벌 의제(Global Agenda)로 제시되었다.[2)] '제4차 산업혁명'은 증기기관, 전기, 컴퓨터 생산자동화에 의한 지금까지의 산업혁명과는 전혀 다른 새로운 차원의 산업혁명이다. 인간이 기계를 이용해온 지금까지의 산업혁명을 넘어서, 인간을 능가하는 인공지능(AI) 기계에 의하여 인간의 직업세계와 삶의 양식이 새롭게 바뀌게 되는 혁명이 될 것으로 예견되고 있다.

'제4차 산업혁명'에 의한 사회변화는 인류의 위기인 동시에 기회라고 볼 수 있다. 지금까지 볼 수 없었던 새롭고 급격한 사회변화를 미리 준비한 국가와 기업이 미래 사회를 주도하게 될 것이기 때문이다. 1784년 무렵부터 증기기관 사용으로 촉발된 '제1차 산업혁명'은 생산의 기계화를 통하여 노동의 변화를 가져왔고, 1870년경부터 일어난 '제2차 산업혁명'은 전기 에너지를 생산에 도입하여 대량 생산을

---

1) 알파고는 구글(Google) 자회사인 딥마인드(DeepMind)에서 개발된 인공지능의 명칭이며, 딥마인드는 세계 최대 검색엔진 구글의 에너지 사용 감축 등을 위한 기계 학습 외에 인공지능 연구 및 의료와 건강 등 실생활 분야에서 인공지능의 적용을 추진하는 회사임(https://deepmind.com 참고).

2) 세계경제포럼의 설립자 겸 회장인 클라우스 슈밥(Klaus Schwab)은 "The Fourth Industrial Revolution: what it means, how to respond."를 발표하여 제4차 산업혁명에 대한 관심을 불러일으켰다(https://www.weforum.org 참고).

가능하게 하였다. 1969년 무렵부터 일어난 '제3차 산업혁명'은 전자공학(electronics)과 정보통신기술(ICT, Information & Communication Technology)의 발전에 의한 전기 · 전자 제품의 양산과 생산 자동화를 가져왔으며, 이러한 발전의 연장선에서 '제4차 산업혁명'은 인공지능에 기반한 공장자동화, 사물인터넷(IoT, Internet of Things), 스마트 공장인 가상물리시스템(CPS, Cyber Physical Systems)으로 일어나고 있다([그림 1] 참고). 이 '제4차 산업혁명'은 알파고(AlphaGo)처럼 두뇌를 능가하는 인공지능에 기반한 각종 기계들이 인간의 인지 판단과 노동을 대체하게 되는 혁명적인 직업변화, 근로양식변화, 학문영역변화, 인간생활양식변화로 전개될 것으로 예견되고 있다. 인성(人性)과 물성(物性)의 경계가 허물어지는 변화까지도 올 것으로 우려되고 있다.

Navigating the next industrial revolution

Revolution	Year	Information
1	1784	Steam, water, mechanical production equipment
2	1870	Division of labour, electricity, mass production
3	1969	Electronics, IT, automated production
4	?	Cyber-physical systems

그림 1 산업혁명의 연도와 그 주요 내용

[출처: 세계경제포럼(World Economic Forum) 홈페이지]

위에서 알 수 있듯이, '제4차 산업혁명'은 기계의 지능화를 통해 생산성이 고도로 향상되어 산업구조 근본이 변하는 것으로서 지능정보기술이 변화의 동인이다(관계 부처 합동, 2016). 그래서 우리 정부에서는 2016년 5월부터 관계 부처(10개 부처 참여) 및 민간전문가가 참여하는 '지능정보사회 민관합동 추진협의회'를 구성하고 회의와 공청회 등을 거쳐서 같은 해 12월 말에 지능정보사회(intelligent information society)를 준비하는 대책을 마련하였다. 이 대책에서 제시된 추진과제 12가지는 다음과 같다:

- 미래 경쟁력 원천인 데이터 자원의 가치 창출
- 지능정보기술 기반 확보
- 데이터 · 서비스 중심의 초연결 네트워크 환경 구축
- 국가 근간 서비스에 선제적인 지능정보기술 활용
- 지능정보산업 생태계 조성을 통한 민간 혁신 파트너 역할 수행
- 지능형 의료서비스를 통한 혁신 가치 창출
- 제조업의 디지털 혁신
- 지능정보사회 미래교육 혁신
- 자동화 및 고용형태 다변화에 적극적 대응
- 지능정보사회에 대응한 사회안전망 강화
- 지능정보사회에 대비한 법제 정비 및 윤리 정립
- 사이버 위협, AI 오작동 등 역기능 대응

'제4차 산업혁명'은 머지않아 인간에게 사물인터넷(IoT), 자율주행차, 인간형 로봇, 컴퓨터진료 등의 편리함을 실생활에 가져다줄 것이다. 그렇지만 위의 과제에서도 경계하고 있듯이 지능정보화가 인간 삶에 긍정적인 변화만을 가져오지는 않을 것이다. 순기능 못지않게 역기능도 가져올 것이다. 따라서 글로벌 사회가 맞이하게 될 지능정보사회에 대한 올바른 이해와 준비가 절실하다.

2 평생교육: 학교 밖 교육의 중요성

지식과 기술의 발전 속도가 갈수록 빨라지면서 그 변화를 학교만으로 따라가는 것이 어려워지게 되었다. 이에 1965년 12월 프랑스 파리에서 열린 유네스코(UNESCO)의 '성인교육추진위원회'에서 평생교육(lifelong education)이 제기되었다. 이는 지식과 기술의 급속한 변화에 대응하여 기존의 학교중심 교육체제를 개편한 것이다.

평생교육이란 학교 밖에서도 교육이 필요하다는 접근이다. 즉, 사람이 평생 동안 교육을 받도록 태교, 유아교육, 아동교육, 청소년교육, 성인교육, 노인교육을 수직적으로 모두 통합하고 이를 다시 수평적 측면에서 가정교육, 학교교육, 사회교육을 통합한 교육을 말한다. 이러한 평생교육이 대두하기 전에는 학교교육(schooling)이 교육(education)과 같은 말로 취급되었으나, 평생교육이 보편화된 오늘날 교육은 학교의 전유물이 아니다.

평생교육의 강조는 학교 밖의 교육 가운데 '사회교육'에 대한 강조를 의미하며, 사회는 국가마다 다르기에 사회교육을 나타내는 용어는 국제적으로 한 가지가 아니다. 사회교육을 '성인교육'(Adult Education)이나 '계속교육'(Continuing Education) 혹은 직업교육과정(Further Education)이라고 말하는 경우가 있다. '성인교육'(Adult Education)은 18세까지의 의무교육인 학교교육 이후의 교육으로서 사회교육을 나타내는 말이고, '계속교육'(Continuing Education)은 학교교육에 이어져 계속되는 사회교육을 말하며, 직업교육과정(Further Education)은 고등학교를 졸업한 성인 대상의 전문직업 사회교육을 말한다.

이 밖에도 학교 졸업 후 사회교육을 함에 있어서, 직장생활과

학업의 병행 여부에 따라서 사회교육을 나타내는 말이 다르다. 직장생활을 하다가 학교에 돌아가 공부하는 것을 Recurrent Education(순환교육)이라고 하고, 이와 다르게 직장생활을 하면서 학교공부를 병행하는 것을 Concurrent Education이라고 말하는 경우가 있다.

지능정보사회(intelligent information society)에서는 평생교육의 필요성이 더욱 증대될 것이다. 신지식의 발전과 구지식의 폐기 속도가 갈수록 더 빨라질 것이기 때문이다. 작년에 배운 과학지식과 문화교육 내용이 내년에 실효성을 상실하게 될 가능성이 있다. 따라서 지능정보사회에서는 한 사회가 지닌 각종 교육자원을 연계시키는 교육시스템의 구축이 더욱 절실하게 필요하고, 기존의 학교교육 과제를 한정된 수학 연한의 과제가 아니라 평생교육 차원의 과제로 인식할 필요가 있다. 지능정보사회에서는 평생 지속될 기술이 거의 없을 것이고 평생직장 개념도 약해질 것이며 생애적 학습을 해야 사회적응이 가능할 것이기 때문이다. 그래서 우리 정부가 2016년에 지능정보사회를 준비하는 대책에서 제시한 것처럼 문제해결 사고력 중심 교육을 강화하고 지능정보기술을 활용한 맞춤형 학습(Adaptive Learning) 체제를 구축하여 미래의 신산업 발전을 이끌 인재를 양성할 필요가 있다(관계부처 합동, 2016을 참고). 조금 더 부정적인 관점에서 보면, 지능정보사회에서 학교는 교육을 하기보다는 학습 역량 성취의 관점에서 운영이 되고, 학술 측면에서도 교육학의 관점보다는 학습학의 관점에서 아동과 청소년의 교육을 강화해나갈 필요가 있다.

전통, 근대, 탈근대의 혼존

3장

한국의 젊은이들을 하나의 관점에서 설명하는 것은 불가능하다. 그들의 개성 있는 옷차림, 말투와 행동 양식에 초점을 둔 방송 프로그램이 화제를 모으는 것을 보면 그들의 가치관이 기성세대와 다름을 알 수 있다. 기성세대는 주류문화에서의 이탈을 피하는 옷차림, 말투와 행동 양식을 선호하는 성향이 있지만, 젊은이들은 자신의 정체성을 타인들과의 차이에서 찾으려는 경향이 있다. 그렇지만 가족이라는 관점에서 보면 젊은이들도 전통적 가치를 소중히 여기고 있다. 한국사회에서 가족을 지탱해온 가장 중요한 가치는 효(孝)였다. 한국 사회에서는 자신을 희생하여 어버이를 모신 사례가 많다. 효자녀의 이야기는 한국사회에서 과거만의 일이 아니다. 한국의 젊은이들은 개인적 가치와 집단적 가치, 전통적 가치와 현대적 가치의 중간 지대에 살면서 조화를 이루기도 하고 때로는 갈등을 겪으면서 살아가고 있다.

1 전통, 근대, 탈근대 사이에서 갈등하는 신세대

추석을 앞둔 날, 휴게실에서 외국인 교수들이 대화를 나누고 있었다. 추석을 전후하여 휴강을 하거나 강의 시간을 조정해달라는 학생들의 요구가 많은데, 자신들은 이해할 수 없다는 내용이었다. 사실 20~30여 년 전이나 오늘날이나 추석 무렵 강의실 풍경은 크게 다르지 않다. 평소 충실하게 강의에 참여해온 학생조차 보이지 않는 경우가 흔하다. 대규모 귀성 행렬로 고향에 오갈 교통편이 여의치 않은 까닭이다.

저마다 개성 있게 입은 채, 언제나 자유분방하게 행동하던 학생조차 귀향에 앞서서는 용모가 단정하다. 아마도 부모님과 주위 어른들의 눈길을 의식한 탓일 것이다. 그들은 황금 같은 연휴의 대부분을 기차나 버스, 혹은 배를 타고 고향에 오가는 데 쓴다. 사람들로 꽉 찬 기차나 여객선에 몸을 맡기는 젊은이들은 전래된 문화의 삶을 행하고 있는 것이다. 그들의 얼굴에는 여정의 고단함보다는 모종의 사명감이 배어 있기도 하다. 고향에 가서는 부모님의 일손을 거들거나 친인척을 찾아뵙기도 하고, 차례와 성묘 등 행사에 참여한다.

이처럼 한국의 젊은이들은 전통의 울타리 안에서 생각하고 행동하는 경우가 있다. 그들은 강한 개성과 냉철한 이성을 삶의 모토(motto)로 삼지만, 전통적 가치를 대체로 부인하지 않는다. 어떤 경우에는 기성세대 못지않게 보수적인 태도를 보이기도 한다. 한국의 젊은이들은 '전통, 근대, 탈근대'라는 상이한 신념체계 아래서 정체성의 혼란 내지 가치갈등 상황에 간혹 직면한다.

서양에서도 'tradition(전통)'이라는 용어는 쓰인다. 그러나 그들이 말하는 전통이란 현실 세계에서 작동하는 가치체계라기보다는

'박제된 전통'인 경우가 많다.

사진 1 서구의 대학 캠퍼스와 일상 여가의 단면

우리가 경직된 전통 의식을 갖고 생활하는 경향이 있는 반면에, 서구의 청소년들은 학교에서 선생님(교수)과 비교적 자유롭게 대화를 나누며 그들의 일상을 자신의 행복을 중심으로 살아간다. 한국의 청소년들이 전통, 근대, 탈근대가 어우러진 숲 속에 살고 있다고 한다면, 서양의 젊은이들은 근대/탈근대의 그늘 아래에서 전통을 감상하는 정도라고 할 수 있다.

2 한국사회에서의 전통, 근대, 탈근대

전통(tradition) 혹은 전근대(premodern)[1], 근대(modern), 탈근

1) 전통(tradition)은 시기적으로 근대 이전, 즉 전근대(premodern)에 해당한다. 그러나 이성(reason) 중심의 근대주의(modernism)에서는 합리성, 과학성이라는 관점에서 전근대를 합리성이 결여된 것으로 비하함으로써 전통 내지 전근대를 부정적으로 평가해 왔다(이 책에서는 '근대주의'의 대응 개념을 강조하고자 할 때, '전통' 대신 '전근대'라는 용어를 사용하였다.).

대(postmodern) 개념을 명확히 정의하는 것은 쉽지 않다. 서양의 경우, '전근대 → 근대 → 탈근대'가 시간 순서에 따라 전개되었다고 볼 수 있다. 그러나 한국의 경우 이들 모두가 동시대에 섞여 나타나는 경향이 있으며, 실제 삶에서는 서로 상이한 신념체계로 작용하는 경우도 있다.

근대주의(modernism: 근대, 근대성)는 광복과 함께 서양, 특히 미국으로부터 빠르게 유입되어 한국의 전통적 이념과 가치를 대체하기 시작하였다. 1945년 광복을 계기로 한국 사회와 제도의 전반에 근대주의가 확산되었다. 그 이후로도 미국 유학을 통해 근대주의를 직접 접한 지식층이 한국사회 지도층의 중심에 자리하면서 그 영향력은 커져왔다.

수천 년을 이어온 전통과 근대주의의 혼재 속에서 한국사회는 실제 삶에서 혼란을 겪을 수밖에 없었다. 지연, 학연, 혈연으로 얽힌 집단주의와 민주화를 이루기 위한 긴 여정, 그리고 극단적인 보수 · 진보 이념논쟁은 근대주의가 한국사회에서 성숙할 충분한 시간과 여건을 갖지 못하였음을 나타낸다.

우리와 다르게 서구 선진 사회는 전통을 베어낸 근대주의의 칼날에 맞서 탈근대주의(postmodernism)라는 새로운 사상체계를 정립시켰다. 그들은 합리성과 과학주의를 토대로 한 극단적 근대주의가 결국 인간 자신은 물론 자연을 포함한 세계 전체를 공멸(共滅)로 몰아가리라는 것을 깨달았다. 이러한 탈근대주의(postmodernism)라는 세계사적 흐름에서 한국사회 역시 자유롭지는 못하다.

서구에서는 전통, 근대(근대주의), 탈근대가 각각 여러 세기의 진통을 거쳐 형성된 까닭에 그 득실을 취하거나 버릴 수 있었다. 하지만 1988년 서울올림픽을 계기로 예술을 중심으로 한국에 본격

유입되기 시작한 탈근대는 사회적, 경제적 토대는 물론 시간적 여유도 충분하지 않았다. 선진 서구에서는 근대주의와 탈근대주의의 토양이 튼실했던 반면에 한국에서는 이들의 성숙한 정착을 위한 분위기가 부족하였다. 그 결과 서양적 의미에서의 근대주의와 탈근대주의는 한국인의 실질적인 삶과 괴리될 수밖에 없는 한계를 지니고 있다. 따라서 한국사회에서 전통, 근대, 탈근대를 시간 차원에서 구분하고, 그 장·단점을 일률적으로 따지는 것은 실익이 없다고 볼 수 있다. 그보다는 먼저 우리 사회 전반, 혹은 '나' 자신의 삶 속에 그것들이 어떻게 투영되어 있는가를 살펴볼 필요가 있다. 이를 통하여 한국사회에서 전통, 근대, 탈근대가 갖는 의미와 가치를 끌어내야 할 것이다.

이와 관련하여 선진 서구에서는 근대주의를 과감히 해체하려는 탈근대주의가 '대안 없는 허무주의'라는 비판 앞에서 동양의 전통사상을 기웃거리고 있다. '살아있는 전통'을 실천하고 있는 한국사회의 입장에서 보면 다행스러운 일이라 하겠으며 전통, 근대, 탈근대는 한국사회라는 토양에서 새롭게 해석될 필요가 있다.

계층, 지역, 세대 간 대립 및 공존

4장

"나와 남이 하나의 우리를 이룸으로써 한국인은 '나를 위하는 일'과 '남을 위하는 일'을 '우리를 위하는 일'로 만들어 나갈 수 있다. 나와 남이 우리로서 함께하기에 이쪽 또는 저쪽이 더할 수도 있고, 덜할 수도 있다."

[최봉영(2012). 『한국인에게 나는 누구인가』. 파주: 지식산업사, 159쪽.]

오늘날 한국사회는 계층, 지역, 세대 사이의 대립이 매우 심각하다. 그럼에도 불구하고 한국인들은 앞날을 낙관적으로 본다. 사실 한국사회의 갈등 양상은 외국인의 입장에서 보면 쉽게 이해하기 힘들다. 서로 심하게 대립을 하면서도 극단적인 국가분리를 주장하기보다는 통일, 화해와 융합을 강조하는 한국인들의 태도는 비이성적으로 보일 수 있다.

1 한국사회의 국민통합 과제

2017년에 치러질 제19대 대통령 선거에서는 2016년 말 촛불 집회를 계기로 한국사회에 부각된 문제들이 주요 의제(agenda)로 제시되었다. 헌법 준수, 정치 민주화, 빈부격차 해소, 정경유착 척결, 보수-진보 간 이념대립 구도 해소 등 그동안 한국사회가 해결하지 못한 고질적인 문제들이 드러났다. 이러한 문제들의 사회적 분출은 2016년이 처음은 아니다. 지난 2012년 제18대 대통령 선거에서도 여·야 후보자 모두가 한국사회의 이러한 문제점을 지적하며 그 해법을 경제 정의, 복지, 화합 등으로 제시했으나 2016년까지도 그 실제적인 개선은 거의 없었다.

사진 2 2016년 말 촛불집회

1997년의 외환위기는 한국사회에서 계층 갈등 문제가 대두된 계기가 되었다.[1)] 대량 실업과 중산층 붕괴로 인한 소득 양극화는

1) 통계청 자료에 의하면, 외환위기 직후인 1998년과 2011년의 소득분위별 중산층 비율은 69.6%에서 64%로 감소하였다. 같은 시기에 고소득층은 19.5%→20.8%로 다소 증가한 반면에 저소득층은 10.9%→15.2%로 크게 증가하여 중산층 이탈 그룹이 저소득층에 유입되었다(통계청 홈페이지 자료 참고).

계층 간 불평등을 심화시킴으로써 많은 사회문제를 드러냈다.2) 당시 대통령 후보들이 너나없이 실현 가능성이 희박한 포퓰리즘(Populism) 공약을 남발한 것은 이 문제의 심각성을 간파하였기 때문이었을 것이다. 경제 정의 실현이 소득 불균형을 적극적으로 시정하려는 노력이라면, 복지 정책 확대는 자유주의 시장 경제의 현실적 한계를 보완하려는 시도라고 볼 수 있다.

경제 정의와 복지 정책에 대한 국민 불만이 한국사회에서는 지역 간 대립으로 이어져온 경향이 있다. 이와 유사한 동향이 미국에도 있다. 보수적 성향을 띤 복음주의 기독교인들이 많이 사는 미국의 중남부, 남동부 지역을 흔히 '바이블 벨트(Bible Belt)'라고 부른다. 미국의 선거에서 이곳이 특정 정당의 아성이었다는 점에서 정치적으로 우리나라 지역주의 성향과 유사하나, 그 강도와 영향력 면에서 우리나라 상황이 훨씬 심각하다. 한국의 지역갈등은 정치적 측면에서 지역연고주의에 근거한 지역대결주의로 표출되고 있으며, 지역주의는 해당 지역을 중심으로 한 사회자원 배분과 사회연줄망의 형성과 유지에 활용되고 있다(서문기, 2004: 204). 2005년 5월 행정중심복합도시 건설을 위한 특별법이 제정·공포된 이래 온갖 진통을 거쳐 2012년 7월 출범한 세종특별자치시의 경우는 지역 갈등의 양상이 현대 한국사회에서 어떻게 진화하고 있는지를 보여주는 대표적인 사례이다.3)

근래 세대 갈등도 한국사회의 중요한 문제로 떠올랐다. 세대

---

2) 우리나라는 1996년부터 2008년 사이에 소득분배율 면에서 불평등 정도가 가장 낮은 국가군에서 가장 높은 국가군으로 빠르게 이동하면서 그에 수반되는 많은 사회문제에 직면할 가능성이 커졌다(김보영, 2009: 93-94).

3) 최준영은 지역갈등을 지역감정이라는 정서적 요인보다는 지역 이익을 향한 합리적 선택이라는 측면에서 바라볼 것을 제안하였다(최준영, 2008: 218).

갈등은 역사 이래 있어왔지만, 그것이 정치, 경제적 맥락에서 집단적으로 표출되기 시작한 것은 비교적 최근의 일이다.[4] 한국의 20~30대를 지칭하는 보통명사로 자리 잡은 '88만원 세대'[5]라는 용어는 이들이 처한 암울한 현실을 보여준다. 2012년 대통령 선거에서 나타난 세대별 투표성향은 한국사회의 세대갈등이 문화 조류를 넘어 정치 등 복합 갈등인 것을 나타냈고, 2017년 대통령 선거 후보자들에 대하여 나타난 세대별 지지성향의 차이는 한국사회에서 세대별 갈등이 더 심화되었음을 보여준다.

2 사회를 보는 눈: 거시적 접근과 미시적 접근

인간은 사회라는 거대한 유기체를 구성하는 하나의 세포인 동시에, 그 사회를 탄생시키고 유지시키는 존재이기도 하다. 우리가 이러한 사회를 보는 방법은 두 가지로 구분될 수 있다. 사회를 전체적으로 조망하는 거시적 접근이 있고, 사회 구성원이 나타내는 언어와 행위를 통하여 사회를 보는 미시적 접근도 있다.

---

4) 이와 관련하여 한국사회에서는 '캥거루 족'(독립해야 하는 연령에서 부모에게 얹혀사는 족), '신캥거루 족(결혼 후에도 부모에게 얹혀사는 족)', '프리터 족'[직장에 얽매이지 않고 아르바이트로 생계를 해결하는 족: freeter는 자유(free)와 아르바이트(arbeiter: 독일어)를 합친 합성어], '니트 족(NEET, Not currently engaged in Education, Employment or Training: 의무교육을 마친 후 진학, 취업, 직업훈련을 받지 않는 족)', '딩크 족'(DINK; Double Income, No Kids: 결혼은 하되 자녀를 두지 않는 맞벌이 족) 등과 같이 새로운 세대의 생활양식을 나타내는 신조어가 나왔다.

5) 한국 청년들이 처한 현실은 우석훈과 박권일이 2007년에 발간한 『88만원 세대: 절망의 시대에 쓰는 희망의 경제학』에 잘 나타나 있다.

거시적 접근은 사회를 전체적으로 바라보면서 그 주요 구성 요소와 그것들 사이의 작용 양상을 설명하려는 것이다. 한편 미시적 접근은 사회에서 일어나는 구체적 현상을 기술(description)하는 데 초점이 있다. 현 한국사회의 중심 화두인 '계층, 지역, 세대갈등'의 개별적 요소의 추출과 맥락적 이해를 위해서는 미시적 접근이 비교적 유용하고, 집단 차원의 원인 파악과 일반화를 위해서는 거시적 접근이 비교적 유용하다.

거시적 접근은 <표 1>과 같이 기능이론과 갈등이론으로 구분함이 일반적이다. 기능이론은 콩트(A. Comte)를 시작으로 뒤르켐(E. Durkheim) 등을 거쳐 파슨스(T. Parsons)에 이르러 하나의 체계적 이론이 되었다. 기능이론은 사회를 인체와 같은 하나의 통일적 구조를 지닌 유기체로 본다. 예컨대 각각의 사회 부분은 인체의 기관과 같아서 통일된 체계에 따라 상호 유기적으로 움직인다고 본다. 이 이론에 따르면 사회는 균형 상태를 지향하며, 질서와 안정이 깨지는 불균형은 예외적 현상이고, 이러한 불균형 상태가 오면 사회는 역동적 작용을 통해 균형 상태를 회복하게 된다.

갈등이론은 합의와 조화를 강조하는 기능이론과는 대조적이다. 갈등이론에 의하면, 재화가 한정된 사회에는 대립과 갈등이 존재하며, 그로 인하여 사회는 변화와 발전을 이룰 수 있다. 따라서 사회에서 일어나는 불안정과 갈등은 비정상적인 것이 아니라 보편적인 현상이다. 갈등이론은 마르크스(K. Marx)에 뿌리를 두고 있지만 그 전개 양상은 다양하다. 이론가로는 볼스(Bowles)와 진티스(Gintis), 그람시(Gramsci), 루카치(Lukaćs) 등이 있다. 특히 프레이리(Freire), 애플(Apple), 지루(Giroux) 등은 갈등이론을 기반으로 현대교육을 비판하였다. 이들에 의하면 학교는 사회 불평등 구조를 재생산하는 도구이기에 개혁의 대상이다.

표 1 기능이론과 갈등이론의 항목별 비교

구분	기능이론	갈등이론
관련 이론	기능이론(functionalism) 합의이론(consensus theory) 질서모형(order model) 평형모형(equilibrium model)	갈등이론(conflict theory) 종속이론(dependency theory) 저항이론(resistance theory) 재생산이론(reproduction theory)
초점	안정, 질서	갈등, 체제개혁
기초	Comte, 실증주의	Marx, 마르크시즘
이론가	Spencer, Durkheim, Parsons, Malinowski, Brown, Wheeler, Dreeben, Hopper, Hargreaves	Bowles, Gintis, Weber, Gramsci, Lukaćs, Apple, Giroux, Freire, Carnoy
인간관	유기체론적 인간관	유물론적 인간관
사회관	상호의존과 합의	갈등과 경쟁
교육관	사회존속의 방법	체제개혁의 대상
계층	사회적 보상체제의 한 가지	재생산되는 불평등 사회구조

위에서 볼 수 있듯이 기능이론과 갈등이론은 획일적인 거대 담론이기에 현대 사회에서 실효성이 상실되었다는 견해가 일반적이다. 특히 한국처럼 전통, 근대, 탈근대가 공존하는 복잡한 사회에 그대로 적용하기에는 무리가 있다.

사회에 대한 미시적 접근과 관련하여 과거에는 인간의 행동이나 언어 등에 주목한 '상징적 상호작용론(symbolic interaction theory)', '민속방법론(ethnomethodology)' 등이 중시되었다. 학문의 발전에 따라서 오늘날에는 인간의 주체성에 주목하는 '현상학적 접근(phenomenological approach)'에 대한 관심이 높아졌다.[6)]

6) 현상학적 접근은 제12장의 후반부에 제시되어 있음.

동양 전통철학의 교훈

2
PART

"나는 도로의 속성을 반성하고 '길의 마음'으로 돌아가야 한다고 생각합니다. 도로는 고속일수록 좋습니다. 오로지 목표에 도달하는 수단으로서만 의미를 가지는 것이 도로의 개념입니다. '길'은 도로와 다릅니다. 길은 길 그 자체로서 의미가 있습니다. 길은 코스모스를 만나는 곳이기도 하고 친구와 나란히 걷는 동반의 공간이기도 합니다."
[신영복(2004). 『강의』. 파주: 돌베개, 129쪽.]

현대문명의 핵심적인 특징은 욕망의 무한 질주이다. 도로는 인간의 욕망을 상징한다. 우리는 동양 전통철학의 가르침을 통해 더하기가 아니라 빼기, 채우기가 아니라 비우기, 빠름이 아니라 느림의 미학을 배우게 될 것이다.

한국 고유철학의 교훈

5장

"단군 이래 4,000년 동안의 연속성을 우리 한민족이 불과 40년 동안에 불연속성으로 바꾸어 놓았다면 21세기 우리 문명의 과제는 너무도 명약관화하다. 이제 우리는 그 40년의 죄업, 그 과욕과 과속과 과식과 과용의 부작용을 해소시켜야 하는 과제상황을 떠안고 있는 것이다."

[김용옥(1999). 『노자와 21세기(上)』. 서울: 통나무, 40쪽.]

현대과학은 주어진 자원의 이용을 넘어 생명체를 복제할 수 있는 수준에 이르렀다. 인간은 과학을 도구로 삼아 욕망하는 거의 모든 것을 이룰 수 있게 되었다. 그러나 자연은 물론 인간 자신마저 이용 가능성의 희생양이 됨으로써 인류는 그 존립 기반마저 위협받는 '생태학적 위기'에 몰려 있다. 이제 학문 세계를 넘어 일상적 삶에서도 이러한 위기를 극복하고 새로운 장을 열어야 한다는 요구가 커지고 있다. 5장에서 배우게 될 한국 고유사상인 "홍익인간"(弘益人間) 이념은 현대문명이 품고 있는 갈등을 화해와 포용의 측면에서 풀어갈 것을 권고하고 있다.

1 단군신화와 홍익인간: 고유사상의 뿌리

우리나라는 지정학적 위치상 종교, 정치, 사상, 문화 등에서 중국의 영향을 받지 않을 수 없었다. 삼국시대에 유교, 불교가 왕실을 중심으로 들어왔고, 도교는 고구려 후기에 들어왔다. 그 후 유교, 불교, 도교는 오랜 토착화 과정을 거치면서 한국 사상으로 자리를 잡았다. 그렇지만 『삼국사기』, 『삼국유사』를 비롯한 국내 사료와 중국의 『삼국지』 「위지동이전」 등 기록을 보면 사회, 문화, 사상 측면에서 한민족은 유교 · 불교 · 도교와 다른 고유사상을 갖고 있었음을 알 수 있다.

한민족의 고유사상과 관련하여 주목할 인물은 최치원이다. 그는 중국 당나라에 유학 가서 빈공과 과거에 합격해 여러 관직을 하였고, 그가 쓴 '토황소격문'(당나라 때 반란을 일으킨 황소에게 보낸 글)은 명문으로 알려졌다. 비교적 어린 나이인 12세에 당나라에 가서 17년간 체류했음에도 그는 우리 고유사상에 남다른 관심과 조예를 지녔다. 최치원은 신라를 군자의 나라로 설명하며, 우리 민족 고유의 종교를 강조하였다. 그는 화랑인 난랑(鸞郞)의 비석 머리말인 '난랑비 서문'에서, 우리에게 고유한 '선(仙)'을 기록한 『선사(仙史)』라는 문헌이 있으며, 이 선(仙)은 중국의 유 · 불 · 도 삼교와 차별성을 지니면서도 조화로운 관계에 있었다고 하였다. 최치원이 말한 선(仙)의 기원은 『삼국사기(三國史記)』에서 단군왕검을 선인왕검(仙人王儉)으로 기록하고 있음에 비추어 볼 때 고조선까지 거슬러 올라감을 알 수 있다.

단군신화에서는 중국의 사상들처럼 하늘이나 우주 혹은 이상향으로서의 극락 등을 강조하지 않는다. 단군은 보통 사람들과 함께 살면서 천신(天神)과 인간 사이를 잇는 존재였다. 단군신화에 의하면, 단군은 1,908세라는 긴 삶을 누린 후 하늘로 올라가거나 저승으로 가지 않고, 아사달이라는 산에 들어가 끝까지 산(山) 사람(亻, 人), 즉 선(仙)으로 살아갔다고 한다. 산신사상과 선비사상을 한국의 고유사상이라고 하는 이유가 여기에 있다. 선(仙)은 신라에서는 화랑, 고구려에서는 조의(조의선인), 백제에서는 박사로 계승되었다. 고려와 조선에 이르러서는 동계와 두레, 화랭이 집단으로 전승되었으나, 오늘날에는 무속[무당]의 형태로 남아있을 뿐이다.

사진 3 단군과 최치원의 표준 영정[1)]

고조선 이래 우리 민족 고유의 사상을 발전시킨 사람들이 선가(仙家)이고, 선가에서는 인격의 최고봉에 오른 조상들이 선(仙)이 되어 우리 곁에 함께한다는 오랜 믿음이 있었다. 이와 관련하여, 최남선은 불함문화론(不咸文化論)에서 이 선가(仙家)의 전통이 우리 민족 속에서 단절되지 않았음을 강조하였다. 실제로 한국 역사에는 선가에 대한 기록이 남아 있다. 대체로 국난의 시기에 국조(國祖)이자 선가의 원조

1) 단군 표준영정은 서울 사직 단군전에 조성된 단군소상을 원본으로 해서 그린 영정이 1978년 표준영정으로 지정되었고, 최치원 표준영정은 통일신라 때 이규선(李奎鮮)이 그린 그림을 1981년 영정으로 제작하여 1983년 표준영정으로 지정되었다(출처: 국사편찬위원회 우리역사넷 홈페이지).

(元祖)인 단군을 내세움으로써 민족의 단결을 도모했다는 것은 널리 알려진 사실이다.

선가의 사상은 광복 이후 교육법 제1조와 현행 교육기본법 제2조에 홍익인간(弘益人間)으로 명시되어 현재까지도 국가이념으로 계승되고 있다. 그러나 홍익인간 이념은 광복 직후 전근대적, 종교적 속성이 있다는 관점에서 크게 비판을 받기도 하였다. 이와는 달리『신과 나눈 이야기』로 세계적인 베스트셀러 작가가 된 '닐 도널드 월시'(Neale Donald Walsch)는 단군의 홍익인간 정신은 지구 사회가 하나가 될 수 있는 연결 고리이며, 21세기를 여는 새로운 패러다임이 될 수 있다고 보았다.

단군신화에 기록된 홍익인간의 의미를 인격교육의 관점에서 분석해낸 이계학의 연구에 따르면, 세상에 해를 널리 끼칠 수 있는 홍해인간(弘害人間)은 저절로 생겨날 수 있지만, 홍익인간(弘益人間)은 적극적인 인격교육 없이는 결코 달성될 수 없는 목표라고 하였다. 단군신화에 나오는 웅녀(곰녀) 이야기는 짐승처럼 태어나는 인간이 어떻게 사람다운 사람, 즉 '홍익인간'하는 인격을 확립하게 되는가를 잘 보여주고 있다는 것이다. 단군신화는 단군이 죽지 않고 선(仙)이 되었다는 것을 강조함으로써, 살아서 '홍익인간'하는 삶을 실현한 사람의 인격은 선(仙)이 되어 우리와 영원히 함께 살아간다는 것을 말해주고 있다.

선(仙)으로의 변신을 종교학자인 엘리아데(M. Eliade)의 방식으로 설명하면, 사람다운 사람이 되기 위해서는 타고난 동물적 삶을 넘어 보다 높은 삶으로 중생(重生: 거듭남)해야 한다는 것이다. 이것은 세상을 대하는 자세와 안목을 바꾸는 것으로, '고난 ⇨ 죽음 ⇨ 중생(거듭남)'의 과정을 나타낸다. 단군신화에서 '홍익인간'을 통해 강조했던 바는, 사람다운 삶이란 이기적인 삶을 벗어나 이타적인 삶을 자율적으로 실천하는 것에 있다.

2 다문화 사회: 단일 민족의 정체성 변화

한국인들은 반만년의 고유한 문화를 바탕으로 같은 조상의 후예라는 믿음을 갖고 살아왔다. 전통적인 정신문화, 즉 조상과 부모, 지역사회, 국가, 인류에 대한 책임의식도 강조하여 왔다. 이러한 한국의 정신문화는 현대사회에 만연한 개인주의와 주지주의(지식중심주의)의 한계를 극복할 수 있는 방안이 될 수 있다.

오늘날 한국교육은 고유사상의 교훈을 간과한 채 주지주의에 편향되어 있다. 지식중심 교육은 인격형성의 세 요소, 즉 지정의(知情意) 가운데 정(情)과 의(意)를 소홀히 다룰 수밖에 없다. 입시 위주로 학교와 학원에서 지식만 가르침으로써 논리적 사고능력을 키워줄 수는 있지만 지혜와 덕성을 소유한 사람을 저절로 기르기는 힘들다. 인격, 즉 '사람다운 사람으로서의 품격'을 갖추게 하는 일은 '교학상장(教學相長, 가르치고 배우면서 서로 성장함)'을 통한 교육방법에 의해 이루어질 필요가 있다.

우리의 고유사상과 그에 터한 교육은, 배움을 일방적 지식전수의 과정으로 보지 않는다. 가르치는 교사는 배우는 학생으로 하여금 스스로의 마음 안에서 배운 바를 풀고 삭히도록 도와주어야 한다고 본다. 이 과정에서 지정의(知情意)는 서로 통합되어 새로운 깨달음을 만들어 낼 수 있다.

우리는 고유문화의 독자성 못지않게 그 복합성도 지나쳐선 안

된다. 한국문화는 고유한 선가(仙家) 문화 위에 유가(儒家), 불가(佛家), 도가(道家)의 사상이 더해져서 그 원형이 만들어졌다. 뿐만 아니라 일제 강점기의 타의적 문화변형, 광복 후에 이루어진 미국 문화의 급속한 유입 등은 우리 문화의 성격 변화에 중대한 영향을 미쳤다. 특히 2000년대 초반을 기점으로 본격적인 '다문화 사회'[2)]가 시작됨으로써 그 정체성이라는 측면에서 중대한 변화를 맞게 되었다. 『2015 출입국 · 외국인정책 통계연보』와 통계청 홈페이지 자료에 의하면, 2015년 기준으로 한국에 체류하고 있는 외국인은 190만 명에 이르렀고 미등록 불법 체류자를 포함하면 외국인 수가 211만 명을 넘어섰다. 또한 출 · 입국자수는 2005년에는 약 3,200만 명이었으나 2015년에는 그 배인 6,600만 명을 넘어섰다. 통계청 자료에 의하면 저출산 고령화로 인한 외국노동력 증가, 국제결혼 증가로 인한 결혼이민자 증가, 외국국적동포 유입, 유학생 증가 등으로 국내 체류외국인 수는 지속적으로 증가할 것으로 예상된다.

이 같은 인구구성의 변화는 단일민족을 기반으로 하는 전통적 가치와 급변하고 있는 사회문화적 환경을 조화시키는 과제가 시급함을 나타낸다. 이 점과 관련하여 홍익인간(弘益人間) 이념에 주목할 필요가 있다. 홍익인간에는 타인을 배려하는 이타성이 자리하고 있기에 다문화 사회의 사상적 기반이 될 수 있다. 홍익인간의 이념을 기반으로 한국에 체류하거나 방문하는 외국인들의 문화를 이해하고 배려하는 글로벌 마인드를 키울 필요가 있다.

---

2) '다문화'는 민족이나 인종이 다른 것만을 의미하는 것이 아니라, 한 사회 내에 존재하는 모든 다양성(예를 들면, 성별, 이념, 직업, 종교, 계층 등)을 포함한다. 2009년 현재 우리나라 서울 · 경기 지역에는 출신 국가별로 외국인 거주지가 형성되어 안산시 원곡동에는 다문화 특구까지 생겼다.

6장 유가의 교훈

"어떤 기독교 신학자 말을 의역해 빌리자면,
한국의 기독교인은 기독교의 옷을 입은 유교인이고,
불교인은 불교의 옷을 입은 유교인인지도 모른다.
뚜웨이밍 교수의 표현을 빌리자면,
이는 '마음의 유교적 습성들'이 아직도 한국인의 의식 구조와
행동을 크게 지배하기 때문이다."

[이광세(1998). 『동양과 서양 두 지평선의 융합』. 서울: 길. 89쪽.]

이 장에서는 유가(儒家)의 가르침을 공자의 선진유학(先秦儒學), 주자의 성리학(性理學), 왕수인의 양명학(陽明學)과 한국 유학의 변천을 중심으로 설명하였다. 유교는 삼국시대에 도입되어, 조선시대에 조선의 국가이념으로 자리하면서 정치, 경제, 문화 등 생활 전반을 지배하게 되었다. 유교는 오늘날에도 혼례, 상례, 제례 등의 분야에서 여전히 큰 영향을 미치고 있다. 따라서 한국인의 의식구조를 이해하기 위해서 유가의 특성을 이해할 필요가 있다.

1 선진유학: 사람다운 사람(君子)으로 가는 길

전통(傳統), 즉 '옛것'에 대한 해석은 다양한 관점에서 이루어질 수 있다. 그러나 반드시 놓쳐서는 안 될 사실은, 그것이 당대의 문제에 대한 치열한 고민의 산물이라는 것이다. '옛것'을 그저 낡은 것으로 여기고, 그것이 태동된 역사적 맥락을 생략한 채 필요한 부분만을 취사선택하는 것은 바람직한 해석 태도가 아니다. 이 점과 관련하여 우리는 다음과 같은 공자의 말에 주목할 필요가 있다:

> 내가 노팽을 높이 사는 것은, 그가 옛것에 천착하면서도 함부로 자기 생각을 곁들이지 않으며, 진심으로 그것에 애정을 가지고 다가서는 것이다. 옛것을 배우고 익혀 자신의 마음에 풀어내 새로운 깨달음을 얻는다면 다른 사람을 가르치는 위치에 설 수 있다.[1)]

'술이부작'(述而不作, 옛사람의 설을 저술했을 뿐 창작한 것은 아니라는 말)은 공자의 '옛것' 사랑을 나타내는데, '술이부작'은 일단 '옛것'에 수렴함으로써 그 본질을 명확히 드러냄과 동시에 당대의 문제 속에 다시 한 번 걸러냄으로써 '옛것과 새것'의 소통을 모색하고자 하는 시도라고 볼 수 있다.[2)] 유가의 사상으로부터 그 현재적 의미를 찾고자 하는 우리의 노력 역시 '옛것'에 대한 공자의 문제의식과 크게 다르지 않다.

선진유학(先秦儒學)이란 선진시대(先秦時代), 다시 말해서 진시

---

1) 『論語』「述而」子曰, 述而不作, 信而好古, 竊比於我老彭.; 『論語』「爲政」子曰, 溫故而知新, 可以爲師矣.

2) 이재준(2011). 술이부작과 온고지신의 교육학적 해석. 한국인격교육학회. 『인격교육』, 제5권 제2호, 73쪽.

황이 중국을 통일한 기원전 221년 이전의 유학을 말한다. 좀 더 구체적으로는 춘추시대(기원전 722~481)에 활동하였던 공자의 유학사상과 전국시대(기원전 478~221)에 활동하였던 맹자와 순자의 유학사상을 통칭하여 선진유학이라고 부른다. 학자에 따라서는 그것이 시원적(始原的) 확립기의 유학에 해당한다는 점을 들어 원시유교(原始儒敎)라고 부르기도 한다.[3)]

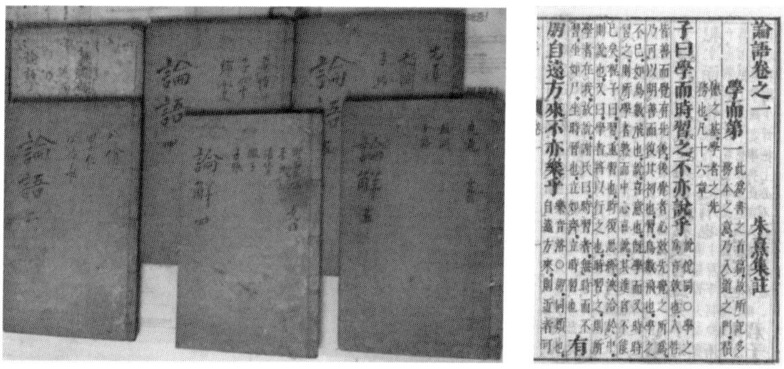

사진 4 논어

위에서 강조한 바와 같이 전통사상을 이해하기 위해서는 그것이 형성된 역사적 맥락을 간과해서는 안 된다. 따라서 유학을 제대로 보기 위해서는 그 태동기인 춘추전국시대의 사회상을 살펴볼 필요가 있다. 당시는 주(周)나라 왕실을 중심으로 한 씨족공동체 사회제도가 붕괴되어 도시국가들이 치열하게 전쟁하던 극도의 혼란기였다. 신하가 모시던 왕을 시해하고, 왕이 귀족 부인을 취하고, 지배층들의 사생활이 매우 문란하였다.

이처럼 춘추시대에는 국가를 지탱해왔던 예악(禮樂) 중심의 도덕

3) 김승혜(1990). 『원시유교: 논어, 맹자, 순자에 대한 해석학적 접근』. 서울: 민음사, 19쪽.

질서가 무너졌다. 이와 관련하여, 『논어』(論語)에는 제후국인 노나라의 대신들이 천자의 예악을 무참히 유린하는 장면이 다음과 같이 묘사되어 있다:

> 공자께서 노나라 대부 계손씨에 대해서 말씀하셨다. 감히 천자의 예악(禮樂)인 팔일무를 자신의 뜰에서 추게 하니 이 짓을 차마 한다면 무슨 일인들 차마 하지 못하겠는가? … 사람으로서 인(仁)하지 못하면 예(禮)를 어떻게 사용하며, 사람으로서 인(仁)하지 못하면 악(樂)을 어떻게 사용할 수 있겠는가?[4)]

공자에게는 그들이 유린했던 예악의 형식 그 자체는 그리 중요한 것이 아니었다. 보다 심각한 문제는 예악을 떠받치고 있는 근본정신의 훼손이었으며, 좀 더 넓게는 그것의 원천이자 총체인 '인(仁)을 상실한 슬픔'이었다.[5)] 그러기에 공자는 언제나 인간 본연의 모습이자 예악의 뿌리인 '인(仁)'을 회복할 것을 역설하였다.[6)] 공자에 의하면 인(仁)은 사람다운 사람의 본연적 특성으로서 그것을 실제로 구현한 사람이 군자(君子)이다.

공자와 그의 제자인 증자의 대화에는 인(仁)의 실현에 대한 공자의 생각이 다음과 같이 나타나 있다:

> 공자: 증참아! 우리의 도(道)는 한 가지 이치가 만 가지 일을 꿰뚫고 있다. 그렇지 않으냐?

---

4) 『論語』「八佾」 孔子謂季氏, 八佾舞於庭, 是可忍也, 孰不加忍也. 三家者以雍徹, 子曰, 相維辟公, 天子穆穆, 奚取於三家之堂.; 子曰 人而不仁, 如禮何, 人而不仁, 如樂何.

5) 이재준(2007). 묵자의 교육학적 읽기: 유가와 묵가의 대립 구도를 중심으로, 『아시아교육연구』, 제8권 제3호, 서울대 교육연구소, 57쪽.

6) 『論語』「八佾」 子曰, 人而不仁, 如禮何, 人而不仁 如樂何.

증자: 예, 그렇습니다.

(공자가 잠시 자리를 비우자 다른 제자들이 증자에게 물었다.)

제자들: 한 가지로 만 가지를 꿰뚫다니 도대체 무슨 말입니까?

증자: 충서(忠恕), 오직 이 두 글자만이 스승님의 도를 온전하게 나타낼 수 있는 말일 뿐입니다.

[주자주(朱子註, 주자의 설명 글):자기의 모든 것을 쏟아 예악의 마땅함을 실천하는 것을 충(忠)이라 한다. 서(恕)란 자신의 지평에서 확보된 마땅함을 타인의 지평으로 흘려보내는 것을 말한다.][7]

공자는 증자와의 대화를 통해 인을 실현하는 핵심적인 원리가 '충서(忠恕)'임을 밝히고 있다. 위에서 주자가 풀이한 바와 같이, 충(忠)은 자기 안에 존재하는 삿된 욕망(私慾)을 이김으로써 내면의 덕(德)을 확충하는 것이요, 서(恕)는 타인과의 관계에서도 내면의 잣대를 그대로 연장하여 적용하는 것을 말한다. 공자는 충서(忠恕)를 실현하는 구체적 원리로 극기복례(克己復禮)를 강조한다.[8] 간단히 풀이하자면, 예(禮)란 사람다운 사람이 지켜야 할 원칙들을 모아놓은 교과서와 같다. 좁게는 몸과 마음가짐에서부터 넓게는 자신을 둘러싸고 있는 모든 인적, 물적 환경과의 상호작용에 이르기까지, 인간이 반드시 지켜야 할 도리(道理)를 담고 있다. 그러나 세상은 끊임없이 인간의 욕망을 자극하는 에너지를 뿜어낸다. 그래서 예에 따라 사는 일이 쉽지 않다. 오로지 자신 안의 욕망을 이기는 사람만이(克己) 예에 어긋나지 않는 삶(復禮)을 살 수 있다. 공자의 수제자 안연은 공자에게 어떻게

7) 『論語』「里仁」 子曰, 參乎, 吾道一以貫之. 曾子曰, 唯. 子出, 門人問曰, 何謂也. 曾子曰, 夫子之道, 忠恕而已矣. 朱子註: 盡己之謂忠, 推己之謂恕.

8) 『論語』「顔淵」 顔淵問仁, 子曰, 克己復禮爲仁, 一日克己復禮, 天下歸仁焉, 爲仁由己, 而由人乎哉.

하면 세상의 유혹을 뿌리치고 인(仁)을 실현할 수 있을지 절실하게 묻는다:

> 안연: 스승님! 극기복례의 구체적인 방법을 말씀해 주십시오.
>
> 공자: 눈, 귀, 입, 행동을 조심하는 것이다. 예에 어긋나는 것은 보거나, 듣거나, 말하지 말며, 행동으로 옮겨서는 절대로 안 된다.
>
> 안연: 스승님, 제가 비록 똑똑하지는 않으나 지금 말씀만큼은 반드시 지키며 살겠습니다.[9]

'극기복례(克己復禮)'는 글자대로 풀면 "자기를 이긴 후에야 예의 본연을 실현할 수 있다."로 해석된다. 그러나 실천적 측면에서 보면 그 순서가 바뀔 수도 있다. 위에서 공자가 안연에게 말하고 있는 바와 같이, 일상적인 삶 속에서 예의 구체적인 덕목들을 하나하나 실천하다 보면 마음 안에 덕이 쌓여 어느새 욕망을 통제할 수 있는 수준에 이르게 된다는 것이다.

맹자(孟子, 기원전 371~289)와 순자(荀子, 기원전 300~230)는 실천 유학에 초점을 둔 공자사상에 성선과 성악이라는 인성론적 설명을 보탬으로써 선진유학의 내용을 풍부하게 하였다. 맹자가 활동했던 전국시대 전기에는 극단적 개인주의자(爲我主義)인 양주(楊朱, 기원전 440~360)와 겸애설(兼愛說)을 주장한 묵자(墨子, 기원전 478~302)의 학설이 큰 호응을 얻어 유가가 위축된 시기였다. 맹자가 보기에 실용주의를 표방하면서 유가의 형식주의를 비판한 묵가의 학설은 특히 유가의 존립을 위협할만한 것이었다. 다음의 글은 맹자가 얼마나 그들을 적대시했는지 분명하게 보여준다:

---

9) 『論語』「顔淵」 顔淵曰, 請問其目. 子曰, 非禮勿視, 非禮勿聽, 非禮勿言, 非禮勿動. 顔淵曰, 回雖不敏, 請事斯語矣.

> 이단에 깊이 빠지면 해가 될 뿐이다. … 이단이란 성인의 도가 아니고 별도로 일단이 된 것이니, 양주와 묵자의 무리를 말한다. 이들은 어버이도 없고 임금도 없는 경지로 세상을 몰아넣었다.[10)]

맹자가 특히 묵자에 대해서 강한 비난을 하였던 것은 그 주장이 겉보기에 그럴듯하여 뭇사람들을 미혹시킬 위험성이 크다고 여겼기 때문이다. 특히 타락한 유자(儒者)들의 위선에 신물이 난 당대의 백성들에게 겸애의 논리는 신선한 충격으로 다가왔을 것이다. 맹자의 성선설은 바로 이러한 상황에서 유가의 정통성을 지키기 위한 노력의 산물이다. 맹자에 의하면, 인간은 선의 실마리로서의 사단(四端)[11)], 즉 선한 본성을 마음 안에 가지고 있다. 사람들은 이 네 가지 선의 실마리를 일상에서 끊임없이 뽑아내고 확충시킴으로써 그것을 온전하게 체득한 경지(四德: 仁義禮智)에 이를 수 있다.

한편 순자는 맹자와는 달리 예의 필요성을 성악설[12)]이라는 측면에서 설명하고 있다. 그에 의하면, 인간은 본성이 악하기 때문에 예악(禮樂)을 통해 수양을 하고 도덕의식을 고취시켜야 한다는 것이다. 비록 성선설과 성악설은 방법론적으로 상반된 입장에 서 있지만, 공자의 가르침의 핵심인 사람다운 사람에 이르는 것을 최종적인 목적으로 한다는 점에서 선진유학의 테두리로 아우를 수 있다. 공자는 효제와 예의 실천을 통해 인을 실현한 군자가 되어야 함을 주장하였고, 맹자

---

10) 『論語』「爲政」 攻乎異端, 斯害也已. … 朱子註: 異端非聖人之道而別爲一端, 如楊墨是也. 其率天下, 至於無父無君.

11) 『孟子』「公孫丑上」 惻隱之心, 仁之端也. 羞惡之心, 義之端也, 辭讓之心, 禮之端也. 是非之心, 知之端也. 人之有是四端也, 猶其有四體也.

12) 『荀子』「性惡篇」에서 인간의 본성은 원래 악한 것이고 선은 인위적인 것이라고 한다. 사람은 태어나면서부터 이익을 추구하는데, 그냥 내버려두면 서로 싸우고 빼앗고, 미워하고, 시기하게 된다. 그러므로 악을 고치기 위해 예가 필요하다는 것이다. 맹자의 성선설을 정면으로 반박한다.

와 순자는 성선설과 성악설을 토대로 심성수양론을 전개하였다. 이와 관련하여, 공자사상의 핵심인 효(孝)의 현대적 의미를 연구한 이계학에 의하면, 효(孝)의 본질은 공양이 아니라 경(敬)에 있는데, 경(敬)이란 '사랑'(愛)과 '두려움'(畏)이 복합된 정감이며, 이 경(敬)은 관계적 존재인 인간의 인간다운 관계를 규율하는 원리로서 인격의 실체이다.

2 유학의 새로운 물꼬: 성리학과 양명학

성리학(性理學)은 주희[주자(朱子)][13]를 정점으로 하는 유학사상으로, 공자, 맹자, 순자의 유학사상과 구분하여 신유학(新儒學)이라고 부른다. 주희는 이기심성론(理氣心性論)을 축으로 신유학을 완성하는데, 이는 이전 유학자들의 학문적 성과를 발전적으로 계승한 결과이다. 그는 산발적으로 제시되었던 신유학의 핵심 개념들인 이(理), 기(氣), 성(性) 등을 자신의 독자적인 학문체계에 따라 엮어냄으로써 이들 개념들에 생명력을 불어넣었다. 일반적으로 신유학이라는 이름은 주자학, 혹은 성리학이라는 말과 의미의 차이 없이 쓰인다.[14] 주자학

13) 주희(朱熹, 1130~1200). 남송의 학자, 유학을 집대성하여 신유학의 토대를 확립하였다. 자는 元晦(후에 仲晦로 고침), 호는 晦庵. 조상들의 본적지는 휘주의 무원이었다. 고종 건염 4년(1130) 복건의 남검 우계의 鄭氏 관사에서 출생하였다. 1148년 진사에 급제하였고, 1153년 천주 동안현의 주부로 벼슬을 시작하였다. 처음에는 선불교에 빠져들기도 하였으나 스승인 李侗을 만나면서 유학에 전념하기 시작하여 二程(程顥, 程頤)을 중심으로 周惇頤, 張載의 사상을 理氣論의 구도에서 재해석함으로써 유학의 새로운 방향을 열었다(中國孔子基金會 編(1997). 『中國儒學百科全書』. 北京: 中國大百科全書出版社, 648-649쪽 참조.).

14) 신유학과 주자학을 동의어로 보는 것은 엄밀하게 보면 논란의 소지가 있다. 당시 주희의 가장 큰 논적이었던 육구연의 상산학, 왕수인의 양명학 역시 신유

은 그 집대성자인 주희라는 개인에 주목한 것이고, 성리학은 신유학을 이루고 있는 핵심 개념을 부각시켜 부른 것이다.[15)]

양명학(陽明學)은 중국 명나라 때 왕수인(양명: 1472~1529)이 발전시킨 유학으로서 그 핵심은 심학(心學)에 있으며, 주자와 달리 심즉리(心卽理), 지행합일(知行合一), 치양지(致良知), 양지양능(良知良能) 등을 강조하였다.

사진 5 주자 영정과 경(敬)자 바위[16)]

성리학과 양명학은 『대학』에 나오는 '격물치지(格物致知)'란 문구의 해석에서 대립하였는데, 주자는 사물에 나아가면 앎에 이르게 된다고 해석한 반면, 양명은 앎에 이르면 사물이 바로잡힌다고 하며

학의 큰 줄기에 포섭될 수 있기 때문이다.

15) 이재준(2006). 교육과정이론의 새로운 패러다임 모색. 한국교육과정학회. 『교육과정연구』, 제24권 3호, 9쪽.

16) [사진 5]의 '주자영정'은 충남 유형문화재 218호로 부여의 충현서원에 있는 주자영정 9점 중 하나이고(출처: 문화재청 홈페이지), '경(敬)자 바위'는 주세붕 선생이 백운동서원 창건 후 새긴 것으로서 경(敬)은 성리학에서 마음가짐을 바르게 하는 수양론의 핵심이 되는 선비의 지침이며, 효경(孝經)과 맹자(孟子)에서는 공경의 뜻으로 논어(論語)에서는 삼가 근신하는 의미로 풀이했다. 경(敬)자 위에 쓰인 백운동(白雲洞)이란 글자는 퇴계 이황 선생이 새긴 것으로 전해온다(출처: 소수서원 관리사무소 홈페이지).

치지격물(致知格物)이 되어야 한다고 해석하였다.

구체적으로 말해서, 주자는 하나하나의 물(物)에 내재해 있는 이(理)를 궁구해 나감으로써 지(知)에 이른다고 보았다(거경궁리: 居敬窮理). 따라서 성인(聖人)이란 만물에 있는 천리(天理)를 궁구하여 마침내 활연관통(豁然貫通)한 사람, 즉 지식을 쌓아 마침내 천리(天理)를 알게 된 사람이라고 보았다. 이에 반하여, 양명 왕수인은 "내 마음의 양지가 바로 천리(天理)이고, 그 천리가 사사물물(事事物物)에 이르면, 저마다 그 이치를 얻게 된다."고 하였다. 즉, 내 마음의 양지를 지극하게 하는 것이 매우 중요하다고 보았다. 그러므로 양명학에서의 성인이란, 본래부터 마음속에 지니고 있는 양지양능[良知良能: 『맹자』에 나오는 말로, 맹자가 성선설(性善說)을 설명하기 위해 한 말임]의 양지(良知)를 극진히 발휘하여, 직관적으로 사리를 바르게 판단하여 행동하는, 즉 양능(良能)하는 사람이다.

양명학에서는 사람은 누구나 양지양능(良知良能)을 갖고 태어난다고 해석하였다. 양지양능에 따라 행동하기에, 부모를 대하면 저절로 효도를 하게 되고, 아이가 우물에 빠지려는 것을 보면 달려가 잡아주게 된다는 것이다. 성리학이 만물의 이(理)를 끊임없이 궁구해야 함을 강조한 것과 달리, 양명학에서는 누구나 마음속에 있는 양지(良知)를 발현하기만 하면 된다고 주장하였다. 왕양명에 의하면, 인식과 실천은 둘이 아니라 하나이며, 앎과 실천은 분리할 수 없다. 양명학의 대표적인 교재는 『전습록(傳習錄)』이다.

위에서 알 수 있는 것처럼, 주자학의 관심은 사리(事理)와 물리(物理)에 큰 관심을 보인 반면, 양명학에서는 심리(心理)와 사리(事理)에 보다 큰 관심을 가지고 있었다. 따라서 양명학에서는 주자학에서 큰 관심을 가지고 있던 물리(物理)의 이(理)에 대하여 큰 관심이 없었다.

위와 같은 관점의 차이에도 불구하고, 성리학과 양명학은 인(仁)으로 일이관지(一以貫之)한 인격을 확립하여 지혜로운 사람을 키우는 것을 목표로 했다는 점에서는 차이가 없다. 단지, 성리학에서는 거경궁리(居敬窮理)를 통하여 활연관통(豁然貫通) 하려 했으며, 양명학에서는 마음의 정순(精純)을 통하여 치양지(致良知) 하고자 했던 점에서 차이를 찾을 수 있다. 어쩌면 양자의 차이는 그들이 발을 담그고 있었던 현실에서 기인하는 것인지도 모른다. 주자의 시대에는 불교, 특히 선불교의 영향으로 일상의 삶에서 이치를 궁구하는 공부를 소홀히 한 까닭에 치밀한 격물궁리의 공부가 필요했을 것이다. 반면에 양명의 시대에 이르면 주자학의 공부는 마음 안에서 지혜를 구하기보다는 외적인 지식을 추구하는 데 지나치게 몰입했을 가능성이 크다. 양명이 자신의 학문의 방점을 마음의 바른 능력을 닦는데 두었음이 이를 말해준다. 우리는 이제 주자학과 양명학이 '자신의 시대'에 대해 제기했던 문제의식을 재음미해보아야 한다. 과연 이 시대의 가장 절실한 문제의식은 무엇이며, 이의 해결을 위해 우리의 사상적 유산은 어떻게 활용될 수 있을까?

3 유학의 한국적 수용

1) 한국 유학의 개요

유학은 삼국시대에 이르러 고구려에 처음으로 도입되었다. 고구려는 소수림왕 2년(372)에 태학(太學)을 설립하여 유학 경전을 교육하였고, 백제에서는 박사 고흥(高興)이 역사서인 『서기(書記)』를 편찬하였다는 기록이 있다. 신라에서는 삼국통일 직후에 귀족 세력을 누르고 왕권을 강화하고자, 신문왕(神文王) 2년(682)에 유학 중심의 교육기관인 국학(國學)을 설치하였는데, 이 국학의 전통이 고려의 국자감과 조선의 성균관으로 이어졌다. 그렇지만 고려 국자감의 교육과정에는 유교 이외에 불교와 도교가 뒤섞여 있었으며, 인종 때의 유학 학부에서는 교양필수 공통과목으로 선진유학의 기본서인 『논어』와 『효경』만 제시하였다. 고려 말 공민왕 때에 이르러서야, 성균관이 중건되고 교육과정이 사서(四書)와 오경(五經) 중심으로 개편되었다.

위와 같이 유학은 시기별로 변천하며 우리 사회에 큰 영향을 미쳤으며, 그 가운데에서도 춘추시대에 일어난 선진유학, 송나라 때 일어난 주자학(성리학), 그리고 조선 후기 정제두(鄭齊斗)의 강화학파를 통하여 도입된 양명학이 큰 영향을 미쳤다.

이 가운데, 고려 말 안향(安珦, 1243~1306)[17]에 의하여 원나라로부터 도입된 성리학은 조선의 건국이념이 되었다. 성리학이 조선시대에 전국적으로 확산된 것은, 예(禮)의 방법을 체계적으로 제시한 『소학』[18]과 『주자가례』의 보급에 의한 결과였다. 『소학』은 성리학의 입문서로서, 어려서부터 몸의 훈육을 통하여 유교를 실천할 것을 강조하였다. 그 방법은, 일상적인 일에서부터 이루어질 것을 강조하였다. 예를 들면, 평소 비질하고, 어른에 응대를 잘 하며, 집에 들어와서는 효도하고, 집 밖에 나가서는 공손하여 움직임이 어긋남이 없게 하는 것이다. 행하고 여력이 있으면, 시서를 외우고 읽으며 노래하고 춤춰서, 생각이 혹시라도 넘치지 않게 하는 것이다.[19] 이와 같이 일상에서

17) 고려 충렬왕 12년(1286)에 원나라 연경에서 『주자전서』를 보고, 필사하여 공자와 주자의 화상과 함께 우리나라에 들여왔다. 우리나라에서 처음으로 주자학을 연구한 주자학자이다.

18) 『소학』은 송나라의 유자징(劉子澄)이 주자와 함께 여러 유교 경서에서 아동들을 교화시킬 수 있는 일상의 예의를 뽑아서 편찬한 책이다.

의 예(禮)를 강조하며 구체적인 예절 목록을 익히도록 유도한 것은, 어릴 때부터 유교적 질서를 마음속에 갖추게 하여, 궁극적으로 사회질서 속에 무리 없이 편입시키고자 한 것이었다.

『주자가례』는 『소학』에서 의도한 유교적 질서 확립을 더욱더 강소한 교재였다. 『주자가례』는 가정에서 지켜야 할 예를 다루고 있으며, 그 주된 내용은 관혼상제(冠婚喪祭)였다. 관혼상제는 사대부 양반 집에서만 지키는 것이 아니라, 일반 서민들도 지켜야 할 예절로 확대되었다. 가례(家禮: 가정에서 행해지는 예) 이외에도 예의 종류는 여러 가지가 있었다. 향례(鄕禮: 동네에서 지켜야 할 예), 학례(學禮: 학교에서 지켜야 할 예), 방국례(邦國禮: 국가적 차원에서 지켜야 할 예) 등이 있다. 이들 가운데 가장 강조되었던 예는 가례였다. 가례가 중시된 것은, 사회적 단위의 기초인 가정에서부터 위계질서를 확립하여 사회로 확대하면, 자연스럽게 사회 전체가 안정된다는 취지를 갖고 있었다.

위와 같이 조선시대에 『주자가례』와 『소학』을 강조하여 확산시킨 것은 조선을 유교 국가로 만드는 데 큰 기여를 하였다. 특히, 사람의 삶에서 가장 중요한 마디인 관혼상제(冠婚喪祭)의 유교적 실행은 조선인들의 마음속에 유교 가치를 심어주었고, 이것이 조선 중기 이후에 전통을 형성하여 현대 한국사회에도 영향을 주고 있다. 오늘날 관례(冠禮)는 소멸하였으나, 결혼식의 폐백 및 장례식과 제사 등에서 유교적 유습을 볼 수 있다.

---

19) 『小學』 小學之方, 灑掃應對, 入孝出恭, 動罔或悖, 行有餘力, 誦詩讀書, 詠歌舞蹈, 思罔或逾.

2) 한국 유학의 발전

중국의 유학과는 상이한 한국 유학은 조선 선조 무렵에 퇴계(退溪) 이황(1501~1570)과 율곡(栗谷) 이이(1536~1584)에 의하여 크게 발전하였다. 퇴계와 율곡은 주자학에 대한 이해를 기초로 주체적인 철학체계를 구축함으로써 조선 주자학의 세계를 본격적으로 열어 놓았다. 퇴계의 사상은 이(理)의 세계를 확보하는 것에 집중되었다. 그것은 기대승(1527~1572)과 편지 형식으로 주고받았던 사단칠정[20] 논쟁을 통하여 구체화되었다. 퇴계는 이(理)와 기(氣)가 따로 존재하고 있다는 이기이원론에 토대를 두고, 사단은 이가 발하여 기가 좇는 것이고 칠정은 기가 발하여 이가 탄 것이라는 이기호발설(理氣互發說)을 주장하였다. 퇴계는 기질지성인 칠정(七情)에 의해서 흐려진 본연지성인 사단을 회복하기 위한 구체적인 방법으로 경(敬)을 제시하였다. 경은 이미 주자에 의해 제시된 개념이지만, 퇴계는 경의 개념을 철학적으로 크게 발전시켰다.

퇴계는 경에서 항시 떠나지 말아야 한다고 강조하였다. 그의 저서인 『성학십도』의 심학도(心學圖)에서 경의 본질을 주일무적(主一無適: 마음을 하나로 하여 흩어지지 않게 해야 함), 정제엄숙(整齊嚴肅: 마음을 가지런히 하고 태도를 엄숙히 해야 함), 상성성(常惺惺: 항상 깨어 있음) 등으로 설명하고 있다. 이러한 퇴계의 철학적 논리는 중국 성리학을 경(敬)으로 체계화시킨 점에서 높게 평가받고 있다.

한편, 율곡은 경(敬)이 성학(聖學)의 시작이요 끝이라고 설명[21]하

20) 사단은 측은지심, 수오지심, 사양지심, 시비지심으로, 인의예지(仁義禮智)의 실마리를 말한다. 칠정은 희(喜: 기쁨), 노(怒: 노여움), 애(哀: 슬픔), 구(懼: 두려움), 애(愛: 사랑함), 오(惡: 싫어함), 욕(欲: 바람)이다.

21) 『聖學輯要』, 「修己」, 收斂章, 故朱子曰 持敬是窮理之本 未知者非敬無以知 程子曰 入道莫如敬 未有能致知而不在敬者 此言敬爲學之始也 朱子曰 已知者非敬無

면서 퇴계와 마찬가지로 경이 매우 중요함을 강조하였다. 그렇지만, 이와 기의 관계를 퇴계와는 다른 입장에서 설명하였다. 율곡은 이와 기가 둘이 아니며, 기가 발하고 이가 그것을 타는 방식으로 나타난다(기발리승일도설: 氣發理乘一途說)고 하였다. 이것을 사단칠정에 적용하면, 사단(四端)은 칠정(七情)과 별개로 존재하는 개념이 아니고, 칠정 중의 선(善)한 부분이다. 그래서 선악의 구별은 사사로운 욕심에 의해 나온 정서(人心)와 인간의 순수한 마음을 반영한 정서(道心)의 차이라고 율곡은 생각하였다. 이 논리로부터 율곡은 이와 기를 대등한 관계로 보며, 상호 연관되어 있다는 이통기국설(理通氣局說: 이는 무형이므로 어디에나 존재하지만, 기는 유형이어서 존재하는 곳이 제한됨)을 제시하였다. 이처럼 율곡은 이와 기, 본체와 작용, 원리와 현실을 조화시키고자 노력하였다. 이 같은 율곡의 사상은 성리학의 탁상공론을 조선이 당면한 현실 문제에 대한 관심으로 바꾸고자 하는 노력으로 이어졌다. 즉, 국방강화 정책(십만양병설), 경제발전 정책(세금 감면), 사회 정의 정책(서얼철폐 등), 중국 성리학 교재의 탈피(소학을 대체하는 격몽요결 저술) 등으로 이어졌다.

특히, 학문적 측면에서 율곡은 기존의 성리학에서 중시해오던 서적들이 우리나라 실정에 맞지 않음을 개선하고자 노력하였다. 그래서 중국의 문화와 예절을 강조하는 유학 교재인 소학(小學)을 대체하고자 격몽요결(擊蒙要訣)을 저술한 점이 높게 평가받고 있다. 격몽요결은 선조 10년(1577)에 율곡이 해주 석담에서 제자들을 교회[22]하기 위해 지은 책이다. 모두 10개의 장으로 이루어진 이 책은 소학(小學)

以守 程子曰 敬義立而德不孤 至于聖人亦止如是.

22) 유학에서는 교육에 관한 용어가 다양하다. 교학(敎學)은 '사람됨을 배우도록 가르치는 것'이고, 교(敎)는 덕성이 중심이며, 회(誨)는 지식과 기능을 가르치는 것을 말하며, 훈(訓)은 감화적 설득이고, 습(習)은 거듭 익히는 것을 말한다.

· 대학(大學) 등을 공부하는 단계의 교재로서 성리학 입문서이며, 우리 선현의 지혜를 담고 있을 뿐만 아니라 그 내용이 당시 한국인의 정서에 부합되었다.

격몽요결의 내용을 살펴보면, 배우는 자들은 반드시 성현이 되겠다는 의지를 세워야 한다는 의지장(意志章), 나쁜 습관을 버려야 한다는 혁구습장(革舊習章), 올바른 몸가짐을 강조한 지신장(持身章), 독서하는 방법을 설명한 독서장(讀書章)이 전반부에 있어서 배우는 자의 기본자세를 제시하고 있다. 이어서 사람이 지켜야 할 도리와 예절로서 부모를 섬기는 도리를 설명한 사친장(事親章), 상례(喪禮)를 논한 상제장(喪制章), 제례를 논한 제례장(祭禮章), 집안을 다스리는 지혜를 설명한 거가장(居家章), 사람을 대하는 도리를 논한 접인장(接人章), 처세의 원칙을 설명한 처세장(處世章) 등 모두 10개의 장으로 이루어져 있다. 그리고 제례(祭禮)에 대한 부연 설명이 끝에 실려 있다. 격몽요결에 의하면, 당시에 유학 책을 독서하는 순서는 '소학(小學) → 대학(大學) · 혹문(或問) → 논어(論語) → 맹자(孟子) → 중용(中庸) → 시경(詩經) → 예경(禮經) → 서경(書經) → 역경(易經) → 춘추(春秋)'였었다.

퇴계와 율곡은 이(理)와 기(氣)의 관계, 즉 그것들의 현실적 존재 양상을 서로 다르게 설명하였지만, 주자의 학문을 그대로 답습하지 않고 조선이라는 사회에 걸맞은 독창적인 학문 세계를 구축하였다는 점에서 오늘날 우리의 학문 풍토를 반성하게 한다.

3) 유학의 토착화: 서원, 서당, 향약

조선 왕조는 유교를 확산시키기 위해 한양[서울]에 성균관과 사부학당(후에 오부학당으로 개편)을 설치하였고, 지방에는 향교를 설치하였다. 그러나 지방에서 사림(士林)은 서원, 서당, 향약(지방자치 규약)을 별도로 설치하여 향촌을 실제로 장악하였다.

이 가운데, 조선시대 지방 사립교육기관인 서원(書院)은 사림의 집합 장소로서 실질적인 지방 통치의 중심지였다. 지방 국립교육기관인 향교는 물론이거니와 지방에 파견된 관리들도 서원의 통제를 받는 경우가 많았다. 그래서 조선시대에는 왕권을 강화하기 위해, 서원을 폐지하려는 시도가 여러 차례 있었다.

서원이 위와 같이 큰 권한을 갖게 된 원인은, 사림의 집합 장소라는 점 이외에, 서원이 성현(聖賢)에 대한 제사를 지내는 장소였고, 학교와 도서관 기능을 수행하였으며, 책을 간행하는 등 지방 유교의 중심지로서 많은 인재를 육성하여 국가 관료를 배출한 점에서 찾을 수 있다. 이러한 서원은, 조선 중종 때인 1543년에 성리학을 처음으로 도입한 고려 말의 안향(安珦)을 추모하는 백운동 서원(白雲洞書院, 후에 소수서원(紹修書院)으로 사액되어 이름이 변경됨)에서 출발하였다. 이로부터 전국에 설치된 서원들은 유학의 보급에 큰 공헌을 하였지만, 조선 당파 싸움의 파벌이 형성되는 원인이 되었고, 특히 양반 자제들이 병역과 부역을 기피하는 장소로 전락하며 고리대금 등으로 백성을 괴롭히는 중심지가 되었다.

한편, 서당(書堂)은 부유한 중인 계층의 남자 아동들의 교육을 담당하였으며, 임진왜란과 병자호란 이후 향교와 서원이 황폐화된 상태에서, 향촌 교화의 수단으로 17세기부터 사회적으로 크게 확산되었다. 17세기 중반 이후 18세기 초반까지의 기간에는 촌락공동체의 지주연합체적 서당이 등장하였고, 18세기 후반에는 동족 부락에서 화수회(花樹會)나 서당계(書堂契)가 조직되어 서당의 설립과 운영이 이루어졌다. 이로 인하여 직업적 성격을 가진 훈장이 등장하게 되었고,

훈장은 교육뿐만 아니라 그 마을의 유교 의례도 주관하게 되었다. 18세기 말 이후로는 많은 서당이 문중(門中)의 향사(享祀) 기능을 담당하며 가묘적(家廟的) 성격을 지니게 되었다.

지방자치규약인 향약(鄕約)은 처음에는 관(官) 주도로 도입되었다. 향약이 관(官) 주도로 실시되던 중종(1517) 때부터 얼마 동안은 중국의 주자향약(朱子鄕約)이 보급되어 실시되었으나, 명종(明宗) · 선조(宣祖)에 이르러 독자적인 조선 향약이 형성되었다. 퇴계는 명종 11년(1556)에 경북 안동 예안에서 예안향약을 실시하였는데, 이는 주자증손여씨향약(朱子增損呂氏鄕約)과는 다른 독자적인 조선 향약의 시작이었다. 향약의 내용은 덕업상권(德業相勸), 과실상규(過失相規), 예속상교(禮俗相交), 환난상휼(患難相恤)의 네 가지가 중심이었다고 교과서에 기술되어 있음이 일반적이지만, 그 조문들을 살펴보면 수적인 측면에서 처벌 조항이 많았다.

한 가지 예로서, 퇴계의 예안향약은 그 항목 구분에서부터 극벌, 중벌, 하벌 등으로 나누어져 있었으며, 그 각각은 다시 상 · 중 · 하로 나뉘어져 있었고, 각각의 처벌 내용이 구체적으로 명시되어 있었다. 즉, 극벌(極罰)은 부모에게 불순한 자, 형제간에 서로 다툰 자, 관청의 일에 간섭하여 고을 풍속을 어지럽힌 자, 향장(鄕長)을 능욕한 자, 수절하는 과부를 꾀거나 협박하여 간음한 자 등이 해당되었다. 중벌(中罰)은, 친척 간에 화목하지 않은 자, 본처를 소박한 자(처에게 죄가 있는 자는 등급을 감하였음), 이웃 사이에 불화한 자, 염치를 돌아보지 않고 사풍(士風)을 더럽힌 자, 공사 간에 모여 관정(官政)을 시비한 자, 혼인과 상제(喪祭)에 이유 없이 때를 넘긴 자, 집강(執綱)을 무시하고 향령(鄕令)을 따르지 않는 자, 구관 수령의 전송에 이유 없이 불참한 자, 조세를 내지 않거나 요역을 면하려고 한 자 등이 해당되었으며,

향중에서 경중에 따라 벌하였다. 하벌(下罰)은, 공공의 모임에 늦게 온 자, 문란하게 앉아 예법에 맞는 몸가짐을 잃은 자, 좌중(座中)에서 떠들고 다툰 자, 자리를 비우고 편리한 대로 한 자, 까닭 없이 먼저 나간 자 등에게 좌중이나 면전에서 벌을 내렸다. 이와 같이 향약의 벌칙은 전반적으로 엄격하였으며, 공공의 질서 유지를 강조하였고, 당시 향촌 사회의 도덕규범과 윤리규범 선반을 세세하게 다루었다. 이러한 향약은 17세기 이후 지역민 전부를 편입시킴으로써 조선을 유교국으로 만드는 데 큰 기여를 하였으나, 다른 한편으로는 서원처럼 폐단도 있었다.

도가의 교훈

7장

"노자(老子)가 말하는 무지는 무식함(ignorance)을 말하는 것이 아니다. 노자의 무지는, 인간이 무관심할 수 있는 상황에서 무관심할 수 있는 여유, 그리고 불필요한 지식에 오염되지 않은 영혼의 순결함, 그리고 인격의 소박함, 그리고 생활의 단순함이다. 순결, 소박, 단순! 이것들을 노자는 '무지무욕(無知無欲)'이라고 부르고 있는 것이다."

[김용옥(1999). 『노자와 21세기(上)』. 서울: 통나무, 159쪽.]

이 장에서는 노자(老子)의 무위자연(無爲自然)의 도(道)와 장자(莊子)의 물아일체(物我一體)의 도(道)에 대해서 알아본다. 노장사상의 두 축은 '스스로 그러한 세계(自然)'의 순결함을 건드리지 않고 그와 벗할 수 있는 지혜(노자), 욕망하지 않는 텅 빈 마음으로 내 안에 자연을, 자연 안에 나를 살게 하는 무심함(장자)이다. 이를 통하여 인류는 오늘날의 생태학적 위기에 대한 한 가지 해법을 찾을 수 있을지 모른다.

1 노자: 무위자연(無爲自然)의 도(道)

노자와 장자는 '도(道)'를 논리 전개의 발판으로 삼았기에 그들을 흔히 '도가(道家)'라고 부른다. '도가'라는 용어는 전한(前漢)시대 사마담(司馬談: 기원전 출생년도 미상~기원전 110)에 의해 최초로 제시되었다. '도가'는 주로 노자의 도(道)와 덕(德)을 연구했기 때문에 '도덕가'(道德家)라고 부르기도 한다.

노자는 공자와 같은 시대에 살았던 인물로서 공자보다 나이가 훨씬 많았고, 『도덕경(道德經)』을 지은 것으로 알려져 있다. 장자는 노자의 『도덕경』을 33편의 우화로써 설명한 『장자(莊子)』를 지은 것으로 알려져 있다. 그래서 『장자』는 『도덕경』에 대한 주석서라고 볼 수 있으며, 공자의 뒤에 맹자가 있는 것처럼, 장자가 『장자』를 써서 노자의 사상을 이었다.

공자가 세상을 바로잡기 위해 정치에 관여하고자 애썼던 것과 반대로, 노자는 사람들이 자연의 도(道)를 따르는 것이 춘추시대의 혼란을 바로잡는 길이라고 보았다. 그래서 노자는 옳고 그름을 가르는 이분법적인 논리를 배제하며, 삶 자체를 소요하는 시각을 강조하였다. 공자의 유학에서 강조하는 인의예악(仁義禮樂)을 잊고, 주관적 이성마저도 거부해야 한다고 보았다. 이를 상징하는 말로서, 『도덕경』의 첫 문장은 "도(道)라고 할 수 있는 도(道)는 영원한 도(道)가 아니다."[1] 라는 역설적인 문구로 시작하고 있다. 이와 같이 『도덕경』 전체를 통하여 역설적인 논리를 전개하며, 노자는 삶에서 긍정과 부정이 교차하는 현실에 주목하였고, 인간의 삶이 항상 이중적인 면을 내포하고

1) 『도덕경』 1장, 道可道 非常道.

있다는 사실을 드러내고자 하였다. 그래서 노자에게는 있음과 없음이 공존하고, 어려움과 쉬움도 공존하게 된다. 비움과 무위(無爲)와 자연은 쓸모가 없는 것 같으면서도 오히려 쓸모가 있는 논리라는 것이다. 이러한 천지만물의 이중성이 자연의 도라는 것이다.

노자(老子)의 실존 여부에 대하여 부정적인 견해가 있을 정도로, 그의 삶은 알려져 있지 않다. 단지, 기록에 의하면 노자는 중국 춘추시대 말기의 초나라 사람으로서 도가(道家, 노장사상)의 창시자였고, 성명은 이이(李耳)였으며, 노담(老聃) 혹은 태상노군(太上老君)이라고도 불렸다고 한다. 공자가 노자를 찾아가 예(禮)에 대한 가르침을 받았다고 한다. 후에 노자는 주나라가 몰락해가는 것을 안타까워하며, 은거하기 위해 서방으로 떠나가던 중에 관문을 지키던 관리의 간청을 받아 약 5,000자의 한자로 2편[도경(道經)과 덕경(德經)]의 글을 써서 남겨주었다고 하는데, 이것이 총 81장(章)으로 구성된 『도덕경(道德經)』이다. 훗날, 도가(道家)를 중국 민간의 자생적인 신앙과 종교로 발전시킨 도교(道教)에서 노자는 신(神)으로 숭배를 받게 된다.

노자 사상은 그가 남긴 유일한 책의 제목에서 알 수 있듯이, 도(道)와 덕(德)이 가장 중요한 개념이다. 그렇지만 노자의 도와 덕은 오늘날 우리가 사용하는 도덕(道德)이라는 용어와는 많은 차이를 보인다. 오늘날의 도덕(道德)은 노자보다는 공자에 가깝다. 공자의 유가에서 보이는 도와 덕은 윤리적인 측면을 강하게 내포하지만, 노자의 도와 덕은 우주론적인 측면을 강조한다. 노자의 도는 우주자연의 생성·소멸·변화의 근원이며, 우주자연의 법칙이다.[2] 도는 보이지도 않고, 들리지도 않으며, 만질 수도 없는 것이지만, 모든 만물에 작용하고

2) 『도덕경』 42장, 道生一 一生二, 二生三, 三生萬物, 萬物負陰而抱陽 冲氣以爲和(도는 하나를 낳고, 하나는 둘을 낳고, 둘은 셋을 낳고, 셋은 만물을 낳는다. 만물은 음을 지니고 양을 껴안아 충기로써 조화를 이룬다).

있는 개념이다. 도(道)는 무위자연(無爲自然)에 의해서 작용한다. 도가 곧 무위자연인 것은 아니지만, 인간과 인간, 인간과 만물, 그리고 인간과 우주 본체의 관계를 설명하는 데 보편적으로 적용되기 때문에, 노자사상에서 매우 중요한 의미를 지니고 있다.[3)]

한편, 덕(德)은 도(道)와 비슷하면서도 다른 특징이 있다. 노자가 말하는 덕은 세 가지 의미를 지닌다. 첫째, 우주 본원인 도의 덕성을 의미하며 현덕(玄德)을 가리킨다. 둘째, 도를 체현한 성인의 덕성을 가리킨다. 셋째, 사람을 포함한 천지만물의 덕성을 의미하며, 하늘의 덕, 땅의 덕 등을 가리킨다.[4)] 이러한 덕을 노자는 크게 상덕(上德)과 하덕(下德)으로 나누었으며, 이것을 통하여 공자의 유가에서 강조하는 인(仁)·의(義)·예(禮)를 비판하였다.

> 상덕은 덕이라 하지 않으므로 덕이 있다. 하덕은 덕을 잃지 않으려고 하므로 덕이 없게 된다. 상덕은 무위하면서 무엇을 위하여 함이 없다. 상인(上仁)은 그것을 행하지만 무엇을 위하여 함이 없다. 상의(上義)는 그것을 행하되 무엇을 위하여 행한다. 상례(上禮)는 그것을 행하되 응하지 않으면 팔을 걷고 억지로 끌어당긴다. 그러므로 도를 잃은 이후에 덕이고, 덕을 잃은 이후에 인이며, 인을 잃은 후에 의이고, 의를 잃은 후에야 예이다. 무릇 예라는 것은 건실함과 믿음이 옅은 것이니 어지러움의 싹이다. 미리 아는 것은 도의 헛된 꽃이므로 어리석음의 싹이다. 그러므로 대장부는 중후함에 처하지 얄팍한 곳에 거하지 않는다. 그 실질에 처하지 그 헛된 곳에 거하지 않는다. 그러므로 저것을 버리고 이것을 취한다.[5)]

---

3) 김용섭 역(2000), 『노자철학: 노자의 연대고증과 텍스트 분석』, 劉笑敢 지음. 수원: 청계, 133쪽.

4) 유희재·신창호 역(2005), 『노자평전』, 쉬캉성 지음. 서울: 미다스북스, 96쪽.

5) 『도덕경』 38장.

위 글에서 노자는 인(仁)·의(義)·예(禮)에 대한 태도를 분명히 보여주고 있다. 위 글의 기본 전제는, 무위자연(無爲自然)의 도(道)를 따라야만 최고의 덕이 될 수 있다는 논리이다. 사람들이 중요하게 간주하여 실천해야 한다고 생각하는 인(仁)과 의(義)와 예(禮)는, 인간사회의 질서가 이미 어지러워진 상태에서 나온 것들이므로, 인위적으로 배양해야만 하는 것들이 되었다. 노자가 중시한 것은, 모든 것에 대한 무위의 자연성이지 인간의 인위성이 아니다. 따라서 인간이 만들어낸 질서유지를 위한 도덕규범들이, 노자에게는 본질적인 것이 아니며, 오히려 배제해야 할 대상이다.

2 장자: 물아일체(物我一體)의 도(道)

장자(莊子)는 자신의 이름과 똑같은 『장자(莊子)』라는 책을 총 33편의 우화로 써서, 그 가운데 내칠편(內七篇)에서 자신의 사상을 순차적으로 밝혔다. 구체적으로 말해서,

> 소요유(逍遙游) 편에서 속박으로부터 벗어난 절대자유의 세계를 설명하였고, 제물론(齊物論) 편에서 허구적인 언설의 시비를 초월한 절대 보편의 근원인 도(道)를 설명했으며, 양생주(養生主) 편에서 진정으로 길러야 할 삶의 주체를 제시하였고, 인간세(人間世) 편에서 인간 세상을 살아나가는 방법을 설명하였고, 덕충부(德充符) 편에서 안으로 덕(德)이 충만하면 주관적인 지혜마저 버리게 됨을 설명하였으며, 대종사(大宗師) 편에서 도(道)는 조화되어 자기라는 아집과 집착이 없는 것임을 설명하였고, 응제왕(應帝王)

편에서 대도(大道)의 현실적인 응용을 제시하였다.

이와 같이, 장자는 노자를 계승하였지만 다른 주장도 하였다. 장자는 노자사상의 핵심 개념인 도에 대해서, 노자처럼 '알 수 없는 어떤 것'이라고 생각하지는 않았다. 그래서 장자는 "도라는 것은 실정이 있고 존재한다는 증거가 있지만 무위무형이다. 전할 수는 있으나 주고받을 수는 없다. 터득할 수는 있으나 볼 수는 없다. 스스로 근본이며 천지가 아직 생기기 전부터 본래 존재한다."[6]라고 말하며, 도(道)에 어떤 실체가 있다고 보았다. 무위(無爲)하고 형체가 없다는 이유 때문에, 인간의 감각이나 지각을 통해 결코 얻을 수 없는 대상이라고 보아선 안 되며, 깨달을 수 있는 대상이라고 보았다. 왜냐하면 도(道)는 어디에나 존재하기 때문이다.

동곽자: 소위 도(道)란 어디에 있습니까?
장자: 없는 곳이 없소.
동곽자: 다시 분명하게 가르쳐 주십시오.
장자: 땅강아지나 개미에게 있소... 똥이나 오줌에도 있고... 도(道)가 어디 있다고 한정해서는 안 되오. 도(道)가 사물을 초월한 것이라 여겨서도 안 되오.[7]

위와 같이, 장자는 도(道)가 어디에나 있고 저절로 있다고 보았기에, 노자와 마찬가지로 무위자연을 강조하였다. 도(道)는 인위적으로 있는 것이 아니라고 보았다. 그렇지만 도(道)가 무엇인지 좀처럼 알 수 없다고 노자가 본 것과 다르게, 장자는 알기 쉽게 도를 설명하였다. 무위자연이면서 깨달음을 줄 수 있다는 것이다. 이것을 덕에도 적용하

---

6) 『장자』「대종사」
7) 『장자』「지북유」

여, 사람의 타고난 능력이 덕이고, 그것은 도에서 말미암은 것이라고 하였다.[8] 덕이 충분히 발휘될 수 있는 것은, 도의 경지를 깨달았기 때문이라고 보았다. 그래서 장자는 도/덕을 깨달은 경지에 도달한 사람을 진인(眞人), 무아인(無我人), 신인(神人), 지인(至人), 성인(聖人) 등으로 표현하였다. 이들 표현은 모두 도(道)의 경지를 깨달은 사람을 의미하며 초점만 다른 용어들이다. 즉, 무아인(無我人)이란 자기에 대한 집착을 잊어 우주만물과 더불어 생명력을 같이하는 대통아(大通我)를 실현한 사람이다. 『장자』에서 무아인의 상태는 다음과 같이 비유적으로 설명되어 있다:

> 시비가 끊긴 세계에 소요하는 성인은 반드시 우선적으로 자기라는 주관을 잊고(무기: 無己), 다음으로 그가 이룩한 공로에 대한 집착을 잊어야 하며(무공: 無功), 명예의 집착마저 잊어야 한다(무명: 無名).[9]

그래서 장자는 모든 만물이 한 몸이기에, 시비선악(是非善惡: 옳고 틀리고 좋고 싫음)이 있지 않은 상태에서, 우주만물과 더불어 생명력을 자연스럽게 발휘하는 무위자연(無爲自然)하는 상태를 다음과 같이 비유적으로 강조하였다:

> 전에 장주(莊周, 장자)는 꿈에 나비가 되었다. 나폴 나폴 나르는 나비였다. 그저 유쾌하게 마음대로 날아다녔지만 장주인지 알지 못하였다. 갑자기 깨어보니 엄연히 장주였다. 그런데 장주가 꿈에 나비가 된 것인지 아니면 나비가 꿈에 장주가 된 것인지 모르겠다. 장주와 나비는 반드시 구분이 있어야 하는데 구분할 수가 없다.[10]

---

8) 정인재 역(1996). 풍우란 저. 『중국철학사』. 서울: 형설출판사, 142쪽.

9) 『장자』 「소요유」

나의 옳음이 상대방의 부정이며, 상대방의 부정 또한 나의 옳음이다. 이처럼 관찰하면 상대방도 시비가 하나의 모습이며, 이쪽 또한 시비가 하나의 모습이 된다(이처럼 상대방과 나를 서로 번갈아 관찰하면 시비를 둘 다 잊게 된다).[11]

장자는 무위자연(無爲自然) 하는 사람을 진인(眞人)이라 칭하고, 그 상태를 다음과 같이 설명하였다:

옛날의 진인은 태어나도 기뻐할 줄 몰랐고, 죽음을 싫어할 줄도 몰랐다. 태어나서 나온다 해도 기뻐하며 탐욕을 부리지 않고, 죽음으로 들어간다 해도 거절하려 하지 않는다. 그는 유연하게 죽음으로 가고, 유연하게 태어날 뿐이다.[12]

자연의 이치를 따라서 그것을 상도(常道)로 삼으면, 몸을 보전할 수 있으며, 삶을 온전히 할 수 있으며, 어버이를 기를 수 있으며, 타고난 수명을 다할 수 있으리라.[13]

진인은 도의 경지에 도달한 사람이기 때문에 무엇이든 억지로 하지 않는다. 그저 무위자연에 따를 뿐이다. 이러한 경지는 주객이 합일된 경지이다. 주객 합일은 나를 잊어버리고, 자연과 하나가 되는 것이다. 물화(物化)의 경지이다. 호접몽에서처럼 내가 자연인지 자연이 나인지 알 수 없다. 따라서 옳고 그름이 존재하지 않는다. 그래서 성인은 시비가 조화되어 자연의 균형을 이루고 대립적인 시비가 다 순조롭게 행해질 수 있는 입장을 가진다. 이렇게 될 수 있는 까닭은

---

10) 『장자』 「제물론」

11) 『장자』 「제물론」

12) 『장자』 「대종사」

13) 『장자』 「양생주」

사물과 자아가 하나가 되기 때문이다.

자연에 따라 사는 주객합일의 길에 도달하기 위해서는 노력을 해야만 한다. 그냥 얻어지는 것은 아니다. 오히려 치열한 노력이 필요하다. 도의 경지에 도달하는 구체적 방법으로서 장자는 심재(心齋)와 좌망(坐忘)을 제시하였다. 심재는 마음을 비우는 것이다. 심재에 대하여, 장자는 공자와 안회를 예로 들어 설명하였다. 공자의 표현을 빌어 장자가 이야기한 심재는 다음과 같다:

> 잡념을 없애고 마음을 통일하라. 귀로 듣지 말고 마음으로 듣도록 하고, 마음으로 듣지 말고 기(氣)로 듣도록 하라. 귀는 소리를 들을 뿐이고 마음은 밖에서 들어온 것에 맞추어 깨달을 뿐이다. 그러나 기는 공허하여 무엇이나 다 받아들인다. 참된 도는 오직 비어 있는 곳에 모인다. 비어 있음이 심재이다.[14]

한편, 좌망(坐忘)은 "사지와 몸을 잊고, 귀와 눈을 잊고, 몸의 작용을 없애고, 형체를 떠나 지식을 버리고, 대통(大通)과 같아지는 것이다."[15]라고 하였다. 이러한 좌망과 심재가 공통적으로 제시하는 것은 비우고 버리는 것이다. 비움은 무조건 비워지거나 버려지는 것이 아니다. 비우거나 버리는 일은 처음에는 무척 어렵다. 사람의 마음은 욕망으로 가득 차서 항상 무엇인가를 요구하기 때문이다. 「양생주」에 나오는 포정(庖丁: 소잡이)이나, 「달생」에 등장하는 재경(梓慶: 목공) 이야기는, 이들이 달인의 경지에 도달하기 위해 큰 노력을 하였으며, 결국 마음을 온전히 비운 상태가 도의 경지라는 것을 깨닫고, 세상 모든 일에 초탈함으로써 자신의 일도 완성하게 되었다는 일화이다. 이들의

14) 『장자』 「인간세」

15) 『장자』 「대종사」

이야기를 통하여 도(道)를 깨닫는 일은 쉬운 일이 아니라는 것을 알 수 있다. 공자가 인(仁)을 완성하기 위해 인위적인 예의 실천, 다시 말해서 극기복례(克己復禮)를 강조하였던 것과는 달리 장자는 노자의 무위자연(無爲自然)의 도(道)를 성취하기 위해 사람들이 끊임없이 자기 자신의 욕망을 경계하여 비우는 삶을 실천해야 함을 강조하였다고 볼 수 있다. 장자는 인간이 진정한 삶을 이루기 위해 스스로 노력하여 무위자연의 상태에 도달할 수 있음을 역설적으로 우화로써 설명하였던 것이다. 이러한 노장사상은 자기 수련의 도(道)로서 오늘날까지도 이어지고 있다.

3 노장사상의 현대적 의미

남해의 임금을 숙이라 하고, 북해의 임금을 홀이라 하며, 중앙의 임금을 혼돈(渾沌)이라고 한다. 숙과 홀은 수시로 혼돈의 땅에서 서로 함께 만났는데, 혼돈은 그들을 매우 잘 대접하였다. 숙과 홀은 혼돈의 덕에 보답할 생각으로 말하였다. "사람들은 모두가 일곱 구멍이 있어서 그것으로써 보고, 듣고, 먹고, 호흡을 하는데, 그만은 유독 없다. 시험 삼아 그것을 뚫어주자." 하고 매일같이 한 구멍씩 뚫었더니, 7일 만에 혼돈이 죽어버렸다.[16]

'혼돈'이 욕망을 인식할 수 있는 일곱 개의 구멍으로 인해 죽음을 맞이하였다는 위의 우화는, 장자의 우화들 가운데 현대인에게 주는 교훈이 큰 우화이다. 인위(人爲)의 궁극적인 결과가 무엇인가를 상징

16) 『장자』 「응제왕」

적으로 잘 말해주고 있기 때문이다. 이 점에서, 위의 우화는 인위적으로 자연 질서를 바꿔온 현대인들에게 시사하는 바가 크다. 인간들은 자신들의 입장에서 자연 질서를 바꾸어 왔지만, 이러한 인간들에 의해 자연은 죽어가고 있으며 인간들 역시 죽음에 몰려가고 있기 때문이다.

이상과 같은 도가사상(노장사상)이, 현대인에게 주는 시사점은 다음과 같다:[17] 첫째, 비작위적(非作爲的)인 무위사연의 개념을 통해 인간과 자연의 관계를 반성하게 해준다. 현대의 생태 위기는 매우 우려할 만한 수준이며, 근대의 인간 이성에 대한 맹신은 한계를 드러냈기 때문이다. 인류 역사를 돌이켜 볼 때, 인간은 자연에 대해 일종의 지배자 내지는 정복자라는 관념이 강하였다. 그렇기에 인간들은 자신의 행동이 자연 생태계에 어떤 영향을 주는가를 고려하지 않은 채, 인간의 편의만을 도모해온 경향이 있다. 그러나 노장의 관점에서 보면, 인간은 자연과 공존해야만 한다. 노장의 무위자연은 인간과 인간, 인간과 자연 등 모든 관계를 검토하고 재설정하는 단서를 제공해 줄 수 있다.

둘째, 도가사상은 인간과 자연에 대한 편협한 중심주의를 해체하도록 만든다. 도(道)의 관점에서 보면, 어떠한 옳고 그름이나 어떠한 중심도 성립될 수 없기 때문이다. 근대의 인간중심주의가 한계가 있다고 해서, 자연중심주의로 대체하면 모든 문제들이 해결될 것 같은 환상을 가질 수 있으나, 모든 중심주의는 문제를 근본적으로 해결하지 못함을 도가사상은 잘 설명해주고 있다.

셋째, 도가사상은 만물평등의 메시지이다. 장자는 만물의 평등에 대하여 제물론(齊物論)에서 사물들은 각각 성질이 다르고, 이해가 다

17) 정영희(2007). 노장사상의 교육생태학적 함의. 한국학중앙연구원 한국학대학원 박사학위논문 참조.

르며, 판단의 기준이 다르기 때문에, 시비의 관념을 버리고 겸허한 마음으로 사물의 자연스런 성향에 따라 보아야 한다[18]고 하였다. 각자의 본성대로 살아가는 것이 중요하다는 말이다. 예를 들면, 학의 다리가 길다고 해서 오리 다리와 맞추기 위해 일부러 자를 수 없는 것처럼, 만물 그 자체를 평등하게 대하는 것이 중요하다.

이상과 같은 도가사상은 현대 서구의 탈근대[포스트모더니즘] 철학의 주장과 비슷한 면이 있으며, 중국에서 일어난 종교인 도교(道敎)[19]에 큰 영향을 주었다. 도교는 현재까지도 중국인들에 의해 신앙되는 종교이다. 도교에서 도가의 창시자인 노자(老子)는 태상노군(太上老君)이라 하여 신격화되었고, 장자는 남화진인(南華眞人)이라 추존되어 왔다.

이처럼, 노자와 장자의 도가(道家)는 도교(道敎)와 밀접한 관계가 있지만, 도가가 곧 도교인 것은 아니다. 도교는 중국 민간에 퍼져 있던 온갖 사상을 흡수하여 성립되었다. 그래서 도가는 도교에 큰 영향을 준 사상 가운데 하나일 뿐이다. 도교는 중국 고대의 민간신앙을 기반으로 신선(神仙)을 중심에 두고, 여기에 도가사상·음양오행·의술·점성·무술 등 잡다한 것들을 보태고, 다시 대승불교의 체제와 조직을 모방하여 불로장생(不老長生)과 같은 현세의 이익을 추구한 중국 민간의 자생 종교이다.

---

18) 이강수(2005). 『이강수 교수의 노장철학이해』. 서울: 예문서원, 81쪽.

19) 중국 후한의 순제(順帝, 125-144년) 때 장릉이 오두미교를 창시하여 노자를 교주로 삼는 도교 신앙을 처음으로 만들었다.

불가의 교훈

8장

"불교의 4대 성지 중에서 가장 마음에 드는 곳은 싯다르타가 깨달음을 얻은 부다가야의 보리수입니다.
… 보리수의 넓은 그늘과 차가운 대리석 바닥과 그 위를 지나는 시원한 바람이 더 좋습니다.
… 나는 모처럼 숨 막히는 신발 속에서 풀려나와 차가운 대리석 바닥에서 쉬고 있는 발을 내려다보았습니다. 몸의 무게에서 해방된 발이 무척 행복해 보였습니다.
문득 오늘 내가 걸어간 발자국이 후인들의 이정표가 되리라며 스스로의 행보를 자계(自戒)하던 고승의 시구가 생각납니다.
머리보다 발이 먼저 깨닫고 있다는 생각이 들었습니다.
머리가 윤회되는 것이기보다 발(行蹟, 행적)이 윤회된다는 생각이 들었습니다."

[신영복(2003). 『더불어숲』. 서울: 랜덤하우스중앙. 367-368쪽, 371쪽.]

1 초기불교: 석가모니의 철학

현대 한국의 불교는, 불교 창시자인 석가모니(기원전 563~483)[1] 시대의 초기불교(원시불교)와는 다른 면이 많다. 공자와 같은 시대를 살았던 석가모니는 불교를 종교로 창시했다기보다는, 중생 개개인이 삶의 속박으로부터 해탈할 것을 이성적으로 설법하며, 이를 모범적으로 실천한 수행자요 성인이었다. 석가모니는 수행자로서의 삶을 모범적으로 실천함으로써 중생에게 그 표본을 제시하였다고 볼 수 있다.

훗날 중국과 한국에서 발전한 대승불교(보살불교)와는 달리, 석가모니는 종교적 의례나 의식을 통하여 극락왕생의 구원을 얻거나 현세의 복을 구하는 것에 큰 관심이 없었다. 그래서 석가모니를 중심으로 볼 때, 불교의 핵심은 깨달음을 통하여 지혜에 도달하는 데 초점이 있었다. 이것은 석가모니 자신의 삶에 잘 드러나 있다. 석가모니를 소재로 한 소설, 영화, 연구 등을 통하여 널리 알려져 있는 바와 같이, 석가모니는 인도의 변방인 히말라야 산 기슭에 있는 작은 나라의 왕자로 태어났다. 비록 생후 7일 만에 어머니 마야 부인을 잃었으나, 왕자로서 물질적으로 풍요롭게 생활하며 교육을 비교적 잘 받았고, 16세에 결혼하여 아들도 두었다. 그러나 그는 모든 사람이 피할 수 없는 생로병사(生老病死)를 자각하여 29세에 종교적 회심을 하고, 당시 유명한 수도자를 찾아가 선정(禪定)을 배웠다. 인도인들이 하던 수행과 고행

1) 석가모니 부처는 석가모니(釋迦牟尼)와 부처[깨달음을 얻은 붓다(불타, 佛陀)]의 합성어로서, 석가 부족의 성자(聖者)인 깨달음을 얻은 붓다를 의미한다. 본명은 고타마 싣다아르타(고타마 싯다르타, Gotama Siddhārtha)이고, 석가모니는 음사로서 능인적묵(能仁寂默)이라고 번역되거나 석존(釋尊)이나 세존(世尊)이라고 존칭되기도 하며, 불교 신도 사이에서는 진리의 체현자(體現者)라는 의미인 여래(如來: Tathgata)라는 호칭을 받기도 한다.

도 약 6년간 체험하였으나, 이 모든 수행과 고행이 자신이 추구하는 길이 아니라는 판단에 이르렀다. 그래서 나이란자나아 강에 들어가 목욕을 하고 지쳐서 쉬고 있을 때, 근처를 지나던 소녀로부터 우유를 공양받아 마셨다. 그러나 그와 함께 수행을 하던 콘다냐를 비롯하여 5명의 수행자들이 이 목욕과 공양에 실망하여 그를 떠나버렸다. 이에 석가모니 부처는 부다가야로 장소를 옮겨 독자적인 관조 방법으로 수행에 몰입하였다. 그는 이 세상에는 독립적으로 영원불변한 것은 없으며, 이것이 있음으로 해서 저것이 생겨난다는 연기법(緣起法)을 깨닫고 불타(붓다)가 되었다.

석가모니로부터 나온 초기불교의 기본 이론은 사제설(四諦說: 사성제라고도 함), 연기설(緣起說), 삼법인(三法印)이다. 사제(四諦)는 석가모니가 깨달음을 얻은 후, 처음으로 설법한 내용으로 고(苦)·집(集)·멸(滅)·도(道)라는 네 가지 인생의 진리를 말한다.[2] 첫째, 고(苦)는 인생의 고통인데, 늙고 병들어 죽는 모든 것이 고통이며, 원하는 것이 있는데 그것을 얻지 못하는 것도 고이다. 둘째, 고통의 원인이 되는 집(集)이다. 이것은 인간이 갖고 있는 눈과 색, 귀와 소리, 코와 향, 혀와 맛, 몸과 감촉, 마음과 법 등의 모든 욕망(愛)을 말한다. 셋째, 멸(滅)은 모든 욕망이 없어지면 해탈하여 집착이 없게 됨을 말한다. 넷째, 멸에 이르는 길인 도(道)이다. 멸에 도달하기 위해 일상에서 어떻게 실천할 것인가를 구체적으로 제시한 것이다. 그것은 여덟 가지 바른 길, 즉 정견(正見: 바른 관찰)·정사(正思: 바른 생각)·정어(正語: 바른 말)·정업(正業: 바른 행위)·정명(正命: 바른 생활)·정정진(正精進: 바른 노력)·정념(正念: 바른 의식)·정정(正定: 바른 선정)이다.

2) 반영규 역(1987). 마스다니 후미오 지음. 『붓다: 그 생애와 사상』. 서울: 도서출판 대원정사, 83-86쪽.

연기설은 “이것이 있는 까닭에 저것이 있고, 이것이 생겨난 까닭에 저것이 생긴다.”는 의미를 지닌다. 석가모니 부처는 세계의 모든 현상은 모두 인과관계가 있으며, 상호 관계하고 의지하며, 서로 조건이 되고 인과가 된다고 생각하였다.[3] 이것이 구체적으로 표현된 것이 12연기(또는 12인연)[4]이다. 12연기는 무명이 연이 되어 행을 일으키는 방식을 말하며, 서로가 인과 관계를 가진 서열을 이루어 서로 관계를 가진 일종의 고리로 형성된다.

위와 같은 석가모니의 가르침이 갖는 특징을 요약하면, 삼법인(三法印)[5]이라 할 수 있다. 제행무상(諸行無常), 제법무아(諸法無我), 열반적정(涅槃寂靜)이 그것이다.[6] 여기에다 일체개고(一切皆苦)를 더하면 사법인이 된다. 이 삼법인은 불교를 다른 사상과 구별지어주는 기본적인 관점이다. 제행무상은 눈앞에 펼쳐지는 모든 현상은 계속 나타났다 사라지면서 변한다는 것이다. 무상은 단순히 없어져서 허무하다는 의미가 아니라, 좋은 것이든 나쁜 것이든 고정되어 전개되는 것이 아니라는 의미이다. 제법무아는 모든 법에는 실체인 ‘내’가 없다는 의미이다. 색(色: 육체)은 ‘나’라고 하는 생각은 바른 견해가 아니고 육체를 아무리 찾아봐도 내가 없다고 본다. 이것을 깨달아야 지혜를 얻을 수 있고 해탈을 얻을 수 있다는 가르침이다. 이로부터 열반적정이 나온다. 이것은 불교가 추구하는 이상적인 상태이다. 번뇌의 불을 끄고 고요한 상태가 되는 것이다.

위와 같은 석가모니의 삶과 기본 가르침을 중심으로 볼 때, 불교

---

3) 유영희 역(1992). 方立天 지음. 『불교철학개론』. 서울: 민족사, 32-33쪽.
4) 12연기의 명칭은 無明, 行, 識, 名色, 六處, 觸, 受, 愛, 取, 有, 生, 老死이다.
5) 삼법인은 후대에 체계화된 것이고, 초기불교에서 체계화시킨 사상은 아니지만 초기불교의 여러 경전에 언급되어 있고 불교 특징을 잘 나타내주고 있다.
6) 유영희 역, 앞의 책, 129-136쪽 참조.

의 목적은 극락왕생에 있다기보다는 '탁월한 지혜(마하반야)'의 획득에 있음을 알 수 있다. 이 '탁월한 지혜(마하반야)'는 원융(圓融)에 의해 인식의 지평을 유한(有限)의 상태에서 무한(無限)의 경지로 확대시키는 것이다.

2 불교의 한국적 수용

석가모니가 입적한 후, 인도 불교는 다양한 모습으로 나타났다. 승려의 거주지가 삼림을 벗어나 도시와 승원으로 확산되었고, 자기 구도와 해탈을 추구하는 삼림수행인 소승불교 이외에, 석가모니 부처 등 성인에 대한 신앙을 대중으로 확산시키려는 초기 대승불교가 나타났다. 그러나 석가모니의 입적 후 약 100여 년은 어느 정도 통일성이 유지되었다. 그러나 기원전 3세기경, 마우리아 왕조의 아소카 왕이 불교에 귀의하여 불교가 인도 전역에 퍼지면서부터 교단의 분파가 생겨났고, 외국으로 전래되며 그 차이가 점차 커졌다.

소승불교와 대승불교는 많은 차이를 보이는데,[7] 우리나라에 전래된 불교는 중국의 대승불교였다. 고구려 소수림왕 2년(372)에 전진(前秦) 왕 부견(符堅)이 순도로 하여금 불상과 불경을 전하게 하였다고 한다. 이후 통일신라와 고려를 거치며 불교의 전성시대가 열려, 우리 문화의 중요한 부분을 차지하게 되었다. 또한 점차 대중화되면서 일반 대중들에게 그 영향력을 깊이 미치게 되었다.

7) 유영희 역, 위의 책, 41-42쪽.

사진 6 **원효 영정**[8)]

삼국시대에 불교가 처음으로 들어왔으나, 불교의 민간 전파는 삼국통일 무렵 원효(元曉, 617~686)에 의해 이루어졌다. 원효는 학승으로서 문자상의 불교 논의와 종파 불교에 머무르지 않고, 참된 대승의 입장에서 대중 속에 들어가 보살의 도를 실천한 사람이다.[9)] 한국의 불교가 진정한 대승불교로 발전하게 된 데에는 원효의 공이 크다. 원효는 대중교화에 힘쓰면서, 누구나 불성을 깨닫게 되면 부처와 같이 될 수 있다고 하였다. 또한 화쟁(和諍)사상[10)]을 제시하여, 여러 불교 종파의 교리들이 보다 높은 관점에서 융화되어야 한다고 주장하였다.[11)] 그는 『금강삼매경론』, 『화엄경소』, 『대승기신론소』 등을 저술하

8) 원효의 가장 오래된 초상화는 교토에 있는 1206년 묘에(明惠, 1173~1232)가 창건한 고잔지(高山寺) 사찰 소장으로 일본에 있다. 이 초상화는 우리나라 양식을 따랐고 족좌에 신발을 벗어놓은 것이 옛날 형식이며 더부룩한 수염과 검은 피부의 담대한 인상은 원효의 파격적인 행적과 걸맞아 대사의 참모습을 보는 듯한 감동을 일으킨다(배한철, 2016).
9) 이기영 역(1989). 원효 외. 『한국의 불교사상』. 서울: 삼성출판사, 18쪽.
10) 화쟁은 화해와 회통(會通)의 논리로, 특정한 교설이나 학설을 주장하지 않고 하나의 체계 속에서 다루고자 하는 것이다.
11) 정영희·조정호(2008). 『교육사 교육철학입문』. 파주: 교육과학사, 50쪽.

였으며, 정토교(淨土敎)의 선구자로서 우리나라 불교 사상에 위대한 자취를 남겼다. 그렇지만, 통일신라와 고려 시대의 불교는 왕실과 국가 차원에서 이루어진 종교였다. 호국불교의 성격이 강했고, 국가의 장려와 보호 속에서 발전을 하였다.

통일신라 말기에는 중국으로부터 선(禪)이 전래되어 교종과 선종이 모두 발전하였다. 의천(義天, 1055~1101)은 원효의 영향을 받아 천태종을 창설하였고, 교관겸수(敎觀兼修: 불교의 '이론적 가르침'과 '선 수행'을 함께 닦음)를 주장하여 교와 선의 대립을 극복하고자 노력하였다. 한편, 지눌(知訥, 1158~1210)은 선종을 중흥시키고자 노력하며 정혜쌍수(定慧雙修: 선정과 지혜를 함께 닦음)를 주장하였다. 그 역시 의천과 마찬가지로, 교와 선의 병행을 주장하며, 한쪽으로 치우치는 것을 경계하였다.

유학을 중심으로 건국된 조선은 태조 때부터 불교를 탄압했다. 세종 때에는 교종과 선종을 통폐합하여, 결국 선종 계열이 살아남게 되었으나, 이 당시의 선종은 교를 배제한 선종이 아니라 선 수행과 경전 공부를 병행하는 선종이었다. 이러한 조선 불교의 특징은 청허스님(서산대사, 1520~1604)이 쓴 『선가구감(禪家龜鑑)』에 잘 나타나 있다. 『선가구감』에서는 선정(禪定)의 방법론이 설명되어 있는데, 돈오(頓悟, 깨우침)가 시작이고 점수(漸修, 수행)가 끝임을 강조하고 있다. 왜냐하면 비록 깨우쳤을지라도 버릇은 한번에 가시지 않기에, 오래 닦아야 하기 때문이다. 참선할 때는 알음알이를 말아야 하고, 간절한 마음이 필요할 뿐이며, 깨침은 일회성이 아니고 지속적이기에, 먼저 깨치고 차츰차츰 오래 닦아야 한다는 것이다. 그래서 참 열반은 본래부터 지니고 있는 것일지라도, 맑은 지혜가 모두 이 선정(禪定)에서 나오며, 사람들이 선(禪)을 꾸준히 행하면, 비록 이 세상에서 깨치지 못하더라도, 마지막 눈감을 때에 나쁜 업에 끌리지 않을 것임을 강조하였다.

위에서 살펴본 선(禪)이란, '고요히 생각함[정려(靜慮)]', '생각하여 닦음'이란 뜻으로 알려져 있다. 이는 생각을 가라앉혀 산란치 않게 하는 것이므로 정(定)이라 번역하고, 둘을 합하여 선정(禪定)이라고 한 것이다. 우리나라 불교 역사에서 선(禪)과 교(敎)는 흔히 구분되어 설명되는 경우가 많지만, 선(禪)과 교(敎)의 근원이 모두 석가모니 부처에 있음이 공통적이다. 단지, 말 없음으로써 말없는 데 이르는 것이 선(禪)이고, 말 있음으로써 말없는 데 이르는 것이 교(敎)라는 측면에서만 차이가 날 뿐이다. 그래서 마음은 선법(禪法)이요, 말은 교법(敎法)이라고 흔히 설명된다.

불교는 조선시대에 큰 탄압을 받았고 근대 이후에는 서구 사상과 종교로부터 그 가치가 폄하되기도 하였다. 그러나 불교는 우리 전통사상의 중요한 한 부분을 차지하여 왔고, 일반 대중에게 미치는 영향력 또한 적지 않다. 특히 오늘날에 와서는 동서양을 막론하고 윤리학, 교육학, 문학, 심리학, 생태학 등 다양한 분야와 접목이 시도되면서 그 중요성이 더욱 부각되고 있는 실정이다.

서양 철학의 교훈

3
PART

서양 철학사의 특징은 인간에 대한 강조에서 찾을 수 있다. 고대 그리스에서는 각양각색의 신(神)이 사회와 정신을 지배하는 가운데 소크라테스와 같은 선각자들이 인간으로서의 각성을 촉구하였다. 중세에는 그리스도교가 강조되는 가운데에서도 고대 그리스의 인간관이 계승되었고, 르네상스 시기에는 정치, 경제, 과학의 발전을 추구하는 가운데 인간의 이성이 강조되었다. 이어서 제1, 2차 세계대전 후에는 인간의 실존이 강조되었고, 현대의 포스트모더니즘 동향에서는 인간의 개성과 다양성이 강조되고 있다. 이처럼 서양 철학에서는 인간에 대한 관심이 꾸준히 있었고, 다만 그 초점과 강조 사항에서 변화가 있었다.

고대 그리스 철학

9장

서양 철학은 '희랍', 즉 '고대 그리스'에서 시작되었다. 고대 그리스인들은 신(神)을 중심으로 살았다. 이들은 거대한 자연에 복종하며 살았기에, 자연 앞에서 신을 상정하였고 신에 의지하며 살았다. 그래서 이 당시 철학의 주된 관심 대상은 자연이었다.

그러나 고대 그리스 후반에, 이러한 자연 중심 철학에 대한 반성이 일어나 인간에 주목하게 되었다. 인간에 대한 관심을 체계적으로 제시한 대표적인 철학자는 소크라테스(Socrates, 기원전 469~399)이며, 그의 사상은 플라톤(Plato, 기원전 427~347)을 거쳐 아리스토텔레스(Aristotle, 기원전 384~322) 등으로 이어졌는데, 이들 철학자는 진리와 인간의 본질을 연구하여 서양 철학의 토대를 마련하였다.

1 서양 철학의 출발: 자연에 대한 탐구

고대 그리스인들은 자연을 숭배하며 신(神)을 중심으로 살았다. 그들의 세계관은 신화에 담겨 전해졌는데, 그리스 신화가 본격적으로 등장한 작품은 호메로스(Homeros, 기원전 800?~750)의 『일리아스(Ilias)』와 『오디세이아(Odysseia)』로 알려져 있다. 서사시인 이들 작품에는, 신들의 집합 장소인 올림포스(Olympos) 산의 신들이 의인화되어 소개되어 있으며, 여기에서 묘사된 신들은 인간 사회의 대표적인 현상들을 상징하고 인간의 다양한 감정을 나타내주었다. 이와 같은 신들을 통해서, 고대 그리스인들은 인간과 자연에 대한 궁금증을 해소하고자 하였다.

사진 7 파르테논 신전[1]

그렇지만 시간이 흐르며 이러한 신화에 만족하지 않고 자연의 근본을 탐구하는 자연철학이 일어났다. 고대 그리스 시대에 자연철학

1) 파르테논(Parthenon) 신전은 폴리스(도시국가) 아테나이(Athēnai, 고대 아테네)의 수호 여신 아테나(Athena)에 바친 신전으로 기원전 5세기에 신축, 파괴, 재건축되었음. [사진 7]에서 오른쪽 사진은 파괴되기 전의 파르테논 신전의 그림임.

의 대표적 인물로는 탈레스(Thales, 기원전 640~546)가 알려져 있는데, 그는 고대 그리스의 식민지였던 밀레토스(Miletus)에서 태어나 자연철학을 통하여 만물의 근원을 탐색하였다. 그는 세상을 설명하는 데 있어서 신화의 요소(예를 들면, 물의 신, 나무의 신, 바람의 신 등)를 배제하였고, 만물의 근원(아르케: arche)은 '물'이라고 하였다. 그는 자연을 해명하는 요인을 신이 아니라 자연에서 찾아내려고 하였다.[2)]

탈레스와 더불어, 아낙시만드로스(Anaximandros, 기원전 610~546)[3)]와 아낙시메네스(Anaximenes, 기원전 585~528)[4)] 등은 고대 그리스의 식민 도시인 밀레토스를 중심으로 '밀레토스 학파'를 형성하였다. 밀레토스 학파에서 중요하게 논의된 "만물의 근원이 무엇인가?"에 대한 질문에 대하여, 자연철학과는 다른 차원의 답을 제시한 사람이 피타고라스(Pythagoras, 기원전 571~496)였다.

피타고라스는, 근본적이면서 모든 것을 설명해주는 것은 수(數)라고 생각했다. 진리는 비례, 정사각형, 정삼각형에서 뚜렷하게 나타나며, 수학적 진리는 증명되어야 한다고 주장하였다.[5)] 피타고라스는 자신의 학파를 새롭게 형성하며, 일상생활에서도 수의 원리를 적용하였다. 피타고라스 학파는 일종의 교단을 형성하였는데, 이들은 영혼의 순결성을 추구하였다. 오직 순결한 영혼만이 육체의 감옥으로부터 벗어날 수 있다고 믿었다. 이를 위해, 많은 금기를 준수하려고 했고,[6)] 육체가 생리학적으로 깨끗해지면 구제를 받는다고 생각하여 위세척

2) 김태길 · 윤명로 · 최명관 역(1998). 스털링 P. 램프레히트 지음.『서양철학사』. 서울: 을유문화사, 24쪽.

3) 지구가 거대한 돌기둥과 같다고 하였음.

4) 만물의 근원은 공기라고 하였음.

5) 오숙은 역(2001). 데이브 로빈슨 지음.『철학』. 서울: 김영사, 13쪽.

6) 콩이나 동물의 심장을 먹는 것 등을 금지.

에 관한 지식을 발전시키기도 하였으나, 영혼에 가장 필요한 것은 음악과 철학에 의한 정화라고 주장하였다. 이처럼 피타고라스 학파는 금욕적인 요소를 많이 포함하고 있었다.[7)]

피타고라스 이후, 다양한 철학자들이 나왔다. "만물은 유전한다." 라고 주장한 헤라클레이토스(Heracleitos, 기원전 540?~480?)가 나왔고, 이성만이 진리이며 모든 감각은 오류라고 주장하며 엘레아 학파를 창시한 파르메니데스(Parmenides, 기원전 515?~445?)가 나왔으며, 파르메니데스의 제자로서 시간과 공간에 대한 역설[8)]을 고안한 제논(Zenon, 기원전 490~429) 등 많은 철학자들이 나왔다. 이들의 철학적 탐구 정신은 합리성과 논리성을 추구하는 서구의 문화적 기틀을 형성하였다.

2 인간에 대한 관심

1) 상대주의에 대한 소크라테스의 반박

이상과 같이 자연에 대한 탐구가 깊어지는 가운데, 기원전 5세기 경에 고대 그리스의 아테네를 중심으로 인간에 대한 철학적 관심이 일어났다. 프로타고라스(Protagoras), 고르기아스(Gorgias), 히피아스(Hippias), 트라시마코스(Trasymachos) 등이 인간에 대하여 철학적으

7) 김태길·윤명로·최명관 역. 앞의 책, 29-31쪽.

8) 운동의 역설 중에서 아킬레스(Achilles)와 거북이의 경주에 관한 것이 있다. 아킬레스와 거북이가 경주를 하는 데, 거북이가 조금이라도 앞서 출발했다면, 아킬레스는 결코 거북이를 앞지르지 못할 것이다. 아킬레스가 거북이가 있던 지점에 도착했을 때 거북이는 이미 조금이라도 앞서 있을 것이기 때문이다. 따라서 아킬레스는 거북이를 따라잡지 못할 것이다.

로 탐구한 초기의 철학자들이다.

이들은 스스로 '지혜로운 자'(소피스트 : sophist)로 자처하며, 훌륭한 태도, 사회적 성공 기술, 웅변으로 집회를 좌우하는 방법, 정치적으로 출세하는 데 필요한 술책 등을 가르칠 수 있다고 장담하며 다녔다.[9] 그러는 가운데, 이들은 언어학, 수사학, 음악, 윤리학, 정치학, 수학 등 다양한 분야를 다루며, 고대 그리스인들의 교양을 넓혀주는 데 기여하였다.

플라톤에 따르면, 프로타고라스는 스스로를 '지혜로운 사람'이라고 자처하며, 교육과 덕(德)의 교사임을 선전하면서 보수를 받는 것에 대해 옳다고 생각한 최초의 사람이었다.[10] 이러한 프로타고라스가 철학계에서 유명해진 것은 "인간은 만물의 척도이다."[11]라는 명제 때문이다. 이 명제는, 인간이 갖게 되는 지식은 인간이 지각한 것에 의해 결정된다는 것을 나타낸다. 사람들의 차이점은 각각의 개인이 사물을 볼 때 다른 눈으로 보게 되는 것에 원인이 있다는 것이다. 이처럼 프로타고라스는, 지식이란 개인에게 상대적인 것이라고 결론을 내렸다.[12] 이로부터, 이전에 크게 주목받지 못했던 인간의 감각적인 경험이 진리의 세계에 편입되기 시작하였다.

이러한 철학의 동향 속에서, "내가 지각하는 것은 나에게 진리이고, 네가 지각하는 것은 너에게 진리이다."라는 상대주의 철학이 자리를 잡아갔고, 소피스트들은 이러한 상대주의적 관점을 모든 것에 적용

9) 김태길·윤명로·최명관 역. 앞의 책, 45쪽.

10) 지영환 역(1990). 야마모토 미쓰오 지음. 『최초의 철학자들』. 서울: 대원사, 54-55쪽.

11) Platon, *Theaetus*, 152a.

12) 이광래 역(2004). 새뮤얼 이녹 스텀프·제임스 피저 지음. 『소크라테스에서 포스트모더니즘까지』. 서울: 열린책들, 62쪽.

하였다. 즉, 도덕, 가치, 종교 등 모든 문제를 상대주의적 관점에서 해석하였다. 이러는 가운데, 절대적인 신의 존재가 의심을 받게 되었고, 자신에게 좋은 것이 자신이 원하는 것이라는 상대주의적 주장이 소피스트들에 의해 부각되었다.

그렇지만 소피스트들의 이러한 상대주의적 철학은 소크라테스(Socrates, 기원전 469~399)에 의해 반박을 받았다. 소크라테스는 특수한 사례들은 변할 수 있지만, 인간의 본질과 같은 보편적인 개념은 변하지 않음에 주목하였다. 그래서 그는 진리가 무엇인가를 사색하며, 확고한 지식의 기초를 발견하고자 노력하였다. 아는 것과 행하는 것을 연관시키면서 지행합일(知行合一)을 실천하였다. 소크라테스가 훌륭한 철학자로 평가받아온 한 가지 이유는, 그가 지행합일을 실천한 것에서 찾을 수 있다. 소크라테스에 따르면, 선을 아는 것은 선을 행하는 것이며, 그래서 지식은 바로 덕이 되는 것이다. 그는 아테네 거리에서 사람들, 특히 청소년들에게 덕에 관하여 질문하면서, 이 과정에서 사람들로 하여금 무지를 깨닫게 하려고 하였다. 특히, 지식을 얻을 수 있는 확실한 방법으로서 산파술인 변증술[숙련된 대화]을 제시하였다. 대화를 통하여 사람들이 자신의 생각을 분명하게 가지게 노력하였고, 대화의 최종 결과로서 처음 의도했던 것을 명료하게 진술하게 된다고 생각하였다.[13] 이러한 변증술을 통해서, 지식과 덕이 일치하며 또한 악덕과 무지가 일치한다고 보았다.

소크라테스의 덕은 인간이 지닌 기능을 완전하게 실현시키는 것이었다. 그렇기 때문에, 소크라테스는 덕을 이루면 행복해진다고 생각하였다. 도덕적인 삶을 사는 것은, 지식을 획득한 삶이고, 결국 자신의 행복을 위하는 것이며, 자신의 영혼을 성공적으로 돌보는 것으로 생각

13) 이광래 역. 위의 책, 71쪽.

하였다.14) 이처럼 대화술을 통해, 사람들로 하여금 도덕적인 성찰을 할 수 있도록 각성시키는 일을 거리에서 실천하던 소크라테스는 재판에 회부되었다. 그의 죄목은 국가에서 숭배하는 신들을 숭배하지 않고 기이한 종교 의식을 퍼뜨린 죄와 젊은이들을 오염시킨 죄였다. 이 죄목들로 유죄가 인정되어 사형을 받게 되었을 때, 소크라테스는 죽음을 피하지 않고 자신의 신념을 지키기 위해서 독배를 마시고 죽음을 택하였다. 플라톤은 『파이돈』에서 소크라테스가 죽음을 맞이하는 순간을 다음과 같이 기술하였다:

> 그의(소크라테스의) 몸은 점점 식어가고 있었다... 그리고 마지막으로 "크리톤! 아스클레피오스(Asclepios)에게 닭 한 마리를 빚졌으니 꼭 갚아주겠나?"라고 말하였다. "빚은 꼭 갚겠네. 다른 말은 없는가?"라고 물었으나 대답이 없었다. 잠시 동안 몸을 꿈틀거렸다. 그러자 간수가 몸을 가렸던 것을 벗겼다. 그의 눈은 움직이지 않았고, 크리톤이 눈을 감기고 입을 다물게 했다. 이것이 내가 알고 있는 사람들 중에서, 가장 현명하고 가장 올바르고 가장 훌륭한 사람이라고 진심으로 말할 수 있는 우리들 벗의 최후였다.15)

2) 플라톤이 추구한 절대성: 이데아의 세계

위와 같이 지행합일을 실천한 철학의 순교자인 소크라테스는 직접 글을 남기지는 않았다. 소크라테스에 대한 기록은 플라톤이나 아리

14) 이정우 역(2002). 앤소니 고틀립 지음. 『서양철학의 파노라마 I 』. 서울: 산해, 286쪽.

15) 박종현 역주(2003). 플라톤 지음. 『플라톤의 네 대화편, 에우티프론/소크라테스의 변론/크리톤/파이돈』. 서울: 서광사, 460-461쪽 참조.

스토파네스에 의해 전해졌다. 플라톤(Plato, B.C. 427-347)이 소크라테스를 주인공으로 등장시켜 대화식으로 기록한 『대화편』(The Dialogues)은 소크라테스 철학을 파악할 수 있는 가장 오래된 기록이다. 그래서 소크라테스의 제자인 플라톤과 소크라테스를 문헌상 구분하기가 힘들다.

플라톤은 30여 개의 글로 이루어진 『대화편』에서 소크라테스가 다른 사람들과 대화를 나누는 형식으로 철학을 논의하였다. 플라톤이 이러한 글쓰기 형식을 취한 것은, 당시에 비극이 유행한 것의 영향을 받았다고 볼 수 있지만, 그보다는 소크라테스에게서 배운 것을 계승한 것이라 할 수 있다.[16)] 이처럼 소크라테스의 대화술은 플라톤에 의해 계승되었으며, 실제로 플라톤은 지식을 얻을 수 있는 가장 확실한 방법을 소크라테스식의 변증술이라고 생각하였다. 플라톤은 변증술을 통해 윤리학·정치학·인식론·미학·형이상학·존재론 등 많은 문제를 다루었다. 특히, 플라톤은 정치에 큰 관심을 가지고 있었으나, 소크라테스의 죽음을 지켜보면서, 현실 정치에 회의감을 느끼고 철학에 전념하며 이상적인 정치를 탐구하였다. 그는 소크라테스가 정의 내리려고 했던 것들을 회상하면서, 윤리적인 덕의 문제, 즉 용기, 우정, 아름다움, 훌륭함 등을 연구하였다.

『대화편』의 하나인 『파이돈』에서, 플라톤은 소크라테스와 구별되는 철학을 시도하였다. 즉, 현상들을 설명하기 위해, 이데아(idea) 또는 형상(形相: eidos)의 개념을 본질적인 특성의 의미가 아닌 형이상학적 존재로 내세우게 된다. 여기에서 플라톤은 존재하는 것들을 두 가지로 나누었다. 하나는 가시적인 것이고, 또 하나는 비가시적인 것이다. 비가시적인 것은 육안으로는 보이지 않지만 지성에 의해서 알

16) 한석환 역(2003). 미하엘 보르트 지음. 『철학자 플라톤』. 서울: 이학사, 52-53쪽.

수 있으며, 철학에 의해서 포착될 수 있는 것이다. 이는 우리의 영혼이 감각적인 지각의 힘을 빌리지 않고 자체의 힘으로 보게 되고 이해하게 되는 것이다. 즉, 우리의 영혼이 순수해지면, 그 자체가 지닌 능력인 지성(nous)에 의해 형상 또는 이데아를 보게 된다는 것이다.[17] 플라톤은 이데아가 무엇인지를 쉽게 설명할 수 있도록, 선분의 비유[18]라든가 동굴의 비유를 들었다. 구체적으로 말해서,

> 동굴 모양을 한 곳에 어릴 때부터 사지와 목을 결박당한 채로 있는 사람들이 있다. 이들은 앞만 보도록 되어 있고, 머리를 돌릴 수도 없다. 이들 뒤쪽 위에는 불빛이 타오르고 있어서 사람들 앞쪽에 있는 벽에 그림자를 투영시키고 있다. 사람들은 그 투영된 그림자를 통해 세상을 알게 된다. 이들 중 누군가를 억지로 끌고 밖으로 나가게 한다면, 그는 처음에는 잘 못 보겠지만 햇빛에 익숙해지면 모든 것의 실상을 파악하게 된다. 이 사람이 다시 동굴에 와서 자기가 본 것을 다른 사람들에게 이야기해 주고 동굴 밖으로 데려가려 한다면, 다른 사람들은 이 사람이 눈을 버려 가지고 왔다고 하면서 붙잡아 죽이려고 할 것이다.[19]

위와 같은 동굴의 비유에서, 플라톤은 동굴 안을 가시적 세계로 설명하였고, 동굴 밖을 지성에 의해서 알 수 있는 실재 세계로 설명하였다. 동굴 안의 세계는 감각에 의해 지각되는 것으로서 각종 편견이나 선입견에 묶여 있기 때문에 그림자의 세계에 해당되고, 동굴 밖은 선(善)의 이데아의 세계라는 것이다. 이 동굴 밖의 세계는 여러 이데아들로 구성되어 있지만, 궁극적인 이데아가 선의 이데아라고 보았다.

---

17) 박종현 역주(1997). 『플라톤의 국가·정체』. 서울: 서광사, 27-29쪽.

18) 플라톤은 '선분의 비유'에서는 인식에 대하여 단계별로 묘사하였다.

19) Platon, *Politeia*, 514a-517a.

이 최고의 이데아는, 이데아의 세계를 지배하고 최고의 절대적 목적 하에 다른 특수한 목적들을 총괄하는 이데아이다.[20] 흡사, 선은 태양과 같은 존재인 것이다. 그러므로 플라톤은 모든 이데아가 선의 이데아를 목적으로 한다고 보았다.

이데아가 현상의 세계를 넘어서 존재하는 실재이기에, 그것을 인식하는 능력도 감각과 경험을 초월하는 능력에 의해서만 인식이 가능하다. 그러하기에 플라톤은 '이데아'와 '경험적 자기를 초월하는 능력'의 관계를 동족 관계에 있다고 보았다. 또한, 이 관계를 유지하는 것이 바로 지혜이며, 영혼의 자기초월이라고 하였다.[21]

위와 같은 이데아를 바탕으로, 플라톤은 영혼이 세 부분으로 이루어져 있다고 생각하였다. 즉, 영혼은 이성, 기개, 욕구로 이루어져 있다는 것이다. 이 가운데 가장 큰 부분을 차지하는 것은 욕구이며, 욕구는 즉각적인 만족을 추구하는 단순한 갈망인 동시에 무한정 커질 수도 있는 것으로서, 대체로 이성에 복종하지만 때로는 이성을 거역하기도 한다. 둘째 부분인 기개는, 자기주장과 호전성을 포함하는 요소로 되어 있다. 즉, 용기와 잔인성, 야심과 승벽, 정당한 분노와 이유없는 노여움 등을 포함하고 있다. 셋째 부분은 이성적인 지혜이다. 지혜는 유약한 성격으로 변질되지 않는다면, 붙임성 있고 사랑스럽고 교양 있는 것으로 발전한다.[22]

플라톤은 선(善)한 삶이란 이 세 가지가 조화를 이루고 있을 때 이루어진다고 보았다. 또한, 세 부분의 영혼은 각각 상응하는 덕을 가지고 있는데, 그것이 지혜, 용기, 절제라고 하였다.[23] 이 가운데 지혜

20) 한국동서철학연구회(1989). 『동서철학통론』. 대전: 문경출판사, 42쪽.

21) 이재훈(1981). 『플라토철학연구』. 서울: 탑출판사, 51쪽.

22) 김안중 역(1990). R.L.네틀쉽 지음. 『플라톤의 교육론』. 서울: 서광사, 40쪽.

23) *Politeia,* 428-432.

의 덕은, 지성이 욕망에 의해 동요되지 않고 분별 있는 앎을 지니게 될 때 얻어지고, 용기의 덕은 두려운 것과 그렇지 않은 것에 대한 올바른 견해를 유지할 때 성취된다. 절제의 덕은, 쾌락과 욕망의 억제를 통해 조화와 질서를 이룰 때 얻어지는 덕이다. 이 세 가지 덕은 각자 맡은 일을 해야 하는데, 각자 자기의 일을 올바르고 충실하게 수행하도록 하는 덕은 정의의 덕이다.[24] 이 정의의 덕은 영혼의 모든 부분이 자신의 고유한 기능을 실현하고 있을 때 성립될 수 있다. 이와 관련하여, 기게스(Gyges)의 반지[25]는 정의의 덕이 얼마나 얻기 어려운 것인가를 다음과 같이 보여 준다:

> 기게스의 조상은 리디아 왕의 양치기였는데, 양들에게 풀을 먹이고 있던 곳에 지진이 일어나 땅이 갈라져 틈이 생겼다. 아래로 내려가 보니 송장이 있었는데 손가락에 금반지가 있어서 그것을 빼가지고 나왔다. 양치기 모임에 반지를 끼고 참석했는데, 우연히 반지의 보석받이를 손 안쪽으로 돌리자 자신의 모습이 보이지 않게 되었다. 보석받이를 바깥쪽으로 돌렸더니 자신의 모습이 다른 사람에게 보인다는 것을 알게 되었다. 이를 확인한 그는 왕을 죽이고 왕국을 차지했다고 한다. 만일 이런 반지가 두 개가 있어서 하나는 올바른 사람이 갖고, 다른 하나는 그렇지 못한 사람이 갖게 된다면, 올바른 사람일지라도 남의 것에 손을 대지 않을 정도의 마음을 유지할 사람이 없을 것이다. 예를 들면, 시장에서 마음대로 가질 수 있고, 모든 면에서 신과 같은 존재로 행동할 수 있다면 어떤 사람이든 똑같은 행동을 할 것이다.

---

24) *Politeia*, 433-435.

25) *Politeia*, 359-360, 612b. 359에서는 기게스(Gyges)의 조상이 얻은 반지라고 언급되어 있고, 612에서는 기게스의 반지로 언급되어 있다.

위와 같이 플라톤은, 정의로운 사람은 저절로 이루어지는 것이 아니라고 생각하였다. 보통 사람들은 기회만 생기면, 자신이 원하는 것을 손에 넣고자 하기 때문이다. 그러하기에 플라톤은 올바르게 영혼의 조화를 이루어 선한 인간이 되는 것이 중요하며, 사람으로서 가장 훌륭한 삶을 살게 되는 길이라고 보았다.

3) 아리스토텔레스가 지향한 중용의 덕

플라톤의 제자인 아리스토텔레스(Aristotle, 기원전 384~322)는 마케도니아 제국(Macedonian Empire)의 알렉산더 대왕(Alexander, 기원전 356~323)의 스승으로서, 알렉산더 대왕이 동방 원정을 하여 고대 그리스 문화와 오리엔트 문화가 융합하여 서양 문화의 토대인 헬레니즘(Hellenism) 문화가 형성되는 데 크게 영향을 미쳤다.

아리스토텔레스는 17세 때 아테네에 가서, 플라톤이 설립한 아카데미아(Academia)에서 20여 년간 공부를 하였다. 그렇지만 아리스토텔레스는 플라톤의 이상주의적인 철학을 배우며, 현실중심적인 철학을 정립하였다. 아리스토텔레스는 스승인 플라톤의 사상을 이어받기도 하였지만, 플라톤이 주목하지 못했던 경험적이고 현실적인 지식의 세계를 확고하게 구축하였다. 그 결과로, 아리스토텔레스는 물리학·천문학·해부학·생리학·형이상학·논리학·심리학·생물학 등 방대한 분야에서 저술을 남겨 학문적인 공헌을 하였다.

아리스토텔레스의 모든 성찰에 들어있는 근본적인 신념은, 실재(reality)가 우리 주위에서 볼 수 있는 많은 구체적이고 개체적인 사물로 되어 있다는 것이다.[26] 즉, 아리스토텔레스는 개체들만이 근본적인

26) 김태길·윤명로·최명관 역. 앞의 책, 89쪽.

실재이며, 이것이 바로 실체(substance)라고 보았다. 이러한 신념은 그의 진리관이 무엇인가를 말해주고 있는데, 참된 존재는 감각적이고 경험적인 현실의 세계에서 발견할 수 있다는 것이다. 그렇지만 아리스토텔레스는 감각적이고 경험적인 것이 바로 지식이 되지는 않는다고 보았으며, 지식은 감각기관을 통해 익숙해진 것이 아니라, 그 이상의 것이라고 보았다. 즉, 감각적인 경험들을 반복하면서 경험한 대상들의 원인들에 대해 생각함으로써 감각적 경험을 뛰어넘게 된다는 것이다. 여기에서 지혜가 나온다고 보았다.[27]

그러하기에, 사물의 본성에 대한 아리스토텔레스의 탐구는 『형이상학(Metaphysica)』[28]에서 제1철학이라는 형태로 전개되었다. 여기에서 아리스토텔레스는 플라톤과 달리, 자연에 관한 모든 지식을 완전한 하나의 체계로 구성할 수 있는 한 개의 최고 원리가 있다고 생각하지는 않았다. 네 가지 원인인 아이티아(aitia, 영어로는 cause로 번역하고 있음)를 제시하였다. 즉, 사물을 구성하는 질료(質料, 질료 원인), 무슨 사물인가를 결정해주는 형상(形相, 형상 원인), 사물을 만들어 주는 작용(作用, 운동 원인), 사물이 만들어진 목적(目的, 목적 원인)을 제시하였다.

아리스토텔레스는 형상이라는 용어를 사용하고 있지만, 플라톤의 이데아론에서 이데아가 사물과 동떨어져 있다는 점에 대해서는 반대하였다. 보편적 형상에 대해서는 동의하지만, 그 보편적 형상들은

27) 이광래 역. 앞의 책, 141-142쪽.

28) 아리스토텔레스는 Metaphysica라는 용어를 사용하지 않았다. 대신 제1철학(prote phlosophia)이라는 용어를 사용했다. 기원전 1세기경 로드스의 안드로니코스(Andronicos of Rhodes)는 아리스토텔레스의 저작물을 편찬하면서 제목이 없는 것을 보고, 『물리학(Physica)』 뒤에 넣기로 결정한다. 물리학 다음의 저서라는 용어로 'Metaphysica'라는 용어가 붙여지게 된 것이다.

허구가 아니라 객관적인 실재를 갖는 것이라고 생각한 것이다. 그러므로 형상 없는 질료나 질료 없는 형상은 존재하지 않는다고 보았다. 만물은 목적을 향해 나아가려는 역동적 힘을 갖고 있다고 보았다. 그래서 아리스토텔레스는 목적 원인이 자연계에서 일어나는 모든 변화의 궁극적인 원인이라고 보았다.

인간의 목적 원인은 무엇인가? 『니코마코스 윤리학』의 시작 부분에서, 아리스토텔레스는 "모든 예술과 학문, 그리고 모든 행위와 추구는 선을 목표로 한다고 생각한다."[29]라고 시작하였다. 아리스토텔레스에게서 인간의 궁극적인 목적은 최고의 선을 실현하는 것이며, 그것은 행복을 추구하는 것이기도 하다. 행복은 완전한 덕을 따르는 정신활동이기에, 정의로운 이성에 따라 행동해야 한다. 덕은 기술을 습득하는 것과 마찬가지로 거기에 대응하는 행위를 반복함으로써 습득된다. 여기에서 중요한 것은, 과도함과 부족함을 피하는 행위가 이루어져야 한다는 것이다. 이를 아리스토텔레스는 중용(golden mean)이라고 하였다. 중용은 인간에게 있어서 최상의 상태이므로 덕이 된다고 보았다. 반면에, 악덕은 양극단에 해당되는 것이다. 예를 들어 용기의 덕이 중용이라면, 비겁함과 만용은 악덕이다. 이들 양극단은 서로 대립하며, 중용에도 대립한다. 그만큼 중용은 도달하기 힘든 것이다. 중용은 이성적인 지각에 의해 파악되는 것이지, 추리에 의하여 파악되는 대상이 아니다. 덕은 이성적인 심사숙고에 의한 선택을 실행한 상태이며, 지혜로운 사람이 결정하는 상태가 되는 것이다.

아리스토텔레스는 덕에 대한 개념을 논할 때, 소크라테스와 플라톤의 지식과 덕과 행복은 일치한다는 주장을 수용하였다. 그렇지만,

---

29) 최명관 역(1984). 아리스토텔레스 지음. 『니코마코스 윤리학』. 서울: 서광사, 31쪽.

여기에다 아리스토텔레스는 이성에 의한 자발적 선택과 결정, 선을 지향하는 의지를 첨가하여, 이성에 의한 지식과 선의 의지가 있는 것이 덕이고 행복이라고 다음과 같이 말하였다:

> 자기의 이성에 따라 활동하고, 그 이성을 가꾸고, 잘 자라도록 하는 사람은 가장 좋은 정신 상태에 있고, 신에게 가장 사랑받는 사람이라고 생각한다. 만일 사람들이 생각하고 있는 것과 같이, 신들이 인간의 여러 가지 일들을 조금이라도 보살펴준다면, 가장 좋고 가장 신을 닮은 것(이성)에 대해 기뻐하고, 이성을 가장 사랑하고 소중히 여기는 사람에게 보답해 준다는 것은 당연한 것이다. 신들이 소중히 여기는 일에 마음을 쓰고, 고귀하게 행동한다는 의미에서 말이다. 그리고 이 모든 속성을 가장 많이 지니고 있는 사람은 지자(知者)임이 분명하다. 그러므로 지혜로운 자는 신들에게 가장 많은 사랑을 받는 사람이며, 가장 행복한 사람이라 할 수 있다.[30]

이상에서 알 수 있듯이, 최고의 행복은 감각적이고 육체적인 생활을 절제하면서 관조하는 생활이다. 이러한 생활을 하는 사람이 지혜로운 사람이고, 신으로부터 사랑을 받으며, 가장 행복한 사람이라고 아리스토텔레스는 생각하였다.

30) 최명관 역. 앞의 책, 306쪽.

헬레니즘시대와 중세 철학

10장

알렉산더 대왕의 동방 원정으로부터 비롯된 헬레니즘 철학은 고대 그리스 문화와 오리엔트 문화의 융합에 의해 탄생하여, 중동 지방을 중심으로 발전했으며, 십자군 원정 이후 유럽에 역수입되어 서양의 중심적인 철학으로 자리 잡았다. 그 가운데 쾌락주의를 표방한 에피쿠로스학파와 금욕주의를 내세운 스토아학파의 철학이 중심적이다. 이들 철학은 외적으로는 다르게 보이지만, 정신적인 평안을 추구한 공통점을 지니고 있다. 이러한 스토아 철학은 로마시대에도 크게 발전하였다. 또한 로마제국시대에 그리스도교 철학이 정립되어 중세로 이어졌다. 철학계에서 흔히 암흑기로 평가받는 그리스도교 중심의 중세에, 고대 그리스 철학이 소멸하지는 않았다. 오히려 그리스도교 철학은 신의 존재를 증명하기 위해 고대 그리스 철학을 활용하였다. 따라서 고대 그리스 철학은 신학의 발전과 더불어 중세에도 명맥이 이어졌으며, 교부철학과 스콜라철학의 형성과 발전에 기여했다. 한편 그리스도교 중세철학은 이슬람교의 중세철학과 영향을 주고받았다. 오늘날 가장 많은 사람들이 믿는 종교인 이슬람교는 그리스도교(기독교)와 근본이 다른 종교로 오해되는 경향이 있으나, 유대교로부터 나온 그리스도교와 이슬람교의 토대는 동일하다.

1 헬레니즘 시대의 철학

헬레니즘(Hellenism) 시대는 마케도니아 제국의 알렉산더 대왕이 바빌론에서 죽은 기원전 323년경부터 로마가 그리스 대부분의 영역을 정복한 기원전 146년경까지의 기간을 말한다. 알렉산더 대왕은 유럽·아시아·아프리카에 이르는 광대한 제국을 건설하여, 고대 그리스 문화와 오리엔트 문화가 융합된 새로운 헬레니즘 문화를 탄생시켰다.

이 헬레니즘 시대 철학의 관심은 여러 문화들이 하나로 통합되는 과정에서 일어나는 도덕적 또는 종교적 문제들에 있었다. 그래서 헬레니즘 시대 철학의 중심은 금욕주의와 쾌락주의에서 찾을 수 있으며, 이 시대의 금욕주의와 쾌락주의는 국가 수준의 문제라기보다는 개인의 선에 관한 문제에 중심이 있었다.

예를 들면, 헬레니즘 철학을 대표하는 스토아학파(Stoicism)는 격변하는 시대상을 반영하여, 각자 본분을 다하고 세계의 법칙과 우주의 섭리에 따르는 금욕 생활을 실천하면 행복을 얻을 수 있다고 하였다. 고대 그리스 철학과 다르게, 개인의 의무와 내면적 수양을 강조하였다. 에피쿠로스학파(Epicurean school)는 정신적 쾌락을 추구함으로써 극심한 고통과 즐거움, 구속과 곤궁으로부터 벗어날 것을 강조하였다. 이들 헬레니즘 시대의 두 철학은 훗날 로마의 번영을 가져오는 데 큰 기여를 하였다.[1)]

---

1) 조남진(2006). 『헬레니즘 지성사』. 서울: 신서원, 253-254쪽.

1) 스토아학파

스토아학파 내지 철학(Stoicism)이란 명칭은 키프로스의 제논이 아테네 아고라의 주랑(stoa, 여러 개의 기둥만 서 있고 벽이 없는 복도)에서 가르친 것에서 유래하였다. 스토아학파는 키니코스학파(Cynicism)[2]로부터 영향을 받았으며, 기원전 1세기경부터 로마에 영향을 주어, 키케로(Marcus Tullius Cicero, 기원전 106~43), 세네카(Lucius Annaeus Seneca, 기원전 65~서기 4), 마르쿠스 아우렐리우스 황제(Marcus Aurelius, 121~180)와 같은 스토아 철학자를 배출하였다.

스토아에서 본 철학의 궁극적 목적은 윤리적인 문제를 다루는 것[행복의 문제]으로 보았고, 윤리학 이외의 것들은 윤리학을 위한 도구로 보았다.[3] 스토아 윤리학의 근본적 관심은 정념(억누르기 어려운 생각)에 휘둘리지 않고, 자유롭고 자족적으로 유지되는 삶의 가능성을 이론적으로 정립하는 것이었다.[4] 선한 인간은 이성적이기에, 이성적 사유에 의해 행동하는 사람이 바로 선한 사람이라고 보았다.

스토아학파에 의하면, 착한 사람이 되는 방법은 자연에 따라서 사는 것이다. 자연에 따라 사는 삶이 좋은 것이고, 자연에 반대되는 것은 좋지 않은 삶이다. 그래서 사람은 자연과 일치되는 것을 추구해야 한다. 자연에 따라서 사는 삶이 이성에 따라서 사는 삶이고, 그것은 미덕에 의해 사는 삶이다. 미덕에 의해 사는 삶이 인간본성의 완전한 실현이며 행복이다. 스토아 철학자에게 있어서, 미덕은 완전하고 절대

---

2) 소크라테스의 제자 안티스테네스에 의해 창시되었다고 알려져 있으며, 견유학파(犬儒學派)라고 함. 사회적인 관습, 이론적 학문, 예술 등에 대해 부정적인 태도를 취함으로써 냉소주의적 경향을 가짐. 기원전 3세기경에 융성하였고, 스토아학파에 영향을 줌.

3) 이창대(2000). 스토아윤리학의 인식론적 기초. 『철학』, 62집, 85쪽.

4) 이상인(2005). 스토아의 자유 정초. 『범한철학』, 36집, 40쪽.

적인 것이기에, 즐거움이고 아름다움이며 인간을 올바른 길로 인도하는 것이었다. 그렇기에 선이 된다는 것이다.

스토아 철학자들은 삶에서 최고의 선이 행복이며, 행복은 노력에 의해 도달할 수 있다고 보았다. 또한 도덕적 절제의 덕을 갖게 되면, 자유를 얻을 수 있다고 생각하였다. 진정한 자유는 아파테이아(apatheia)를 얻으면 되는데, 아파테이아는 정념이 없는 상태를 말하며, 밖으로부터 영향을 받아 생기는 감정으로부터 초연한 경지에 이르는 것이라고 보았다. 그래서 스토아 철학자들은 감정에 기초한 미덕을 배제하였다.[5] 감정은 옳고 그른 것에 대한 공정한 판단을 방해하는 도덕적 병이라고 스토아 철학자들은 생각하였다.

그래서 현자는 온갖 두려움, 쾌락, 걱정, 흥분, 연민, 동정심 등에서 벗어나야 한다고 보았다.[6] 물에 빠져 죽어가는 사람을 구해주는 것은 개인적 성향 때문이 아니라, 의무에 대한 이성적 판단 때문이라고 파악하였다. 이성적 판단에 의해 합리적으로 행동할 수 있게 되며, 덕이 현저하게 나타난 사람이 될 수 있다는 것이다.

이성, 무정념의 아파테이아, 절제 등의 미덕 실현을 통하여 행복에 이를 수 있다고 본 것이 스토아의 윤리학이다. 중요한 것은, 인간이 자연(로고스)과 조화롭게 살기 위해서, 무엇이 참인지, 진리가 무엇인지, 하나의 명제가 다른 명제와 어떻게 연결되는지 알아야 한다고 보았다. 자연의 사건이 인과적으로 연결되어 있으므로, 사람이 자연과 일치되는 삶을 계획할 수 있다고 본 것이다.[7] 이 같은 스토아 철학은 헬레니즘 시대의 중심 철학으로서 기독교 교부들에게 큰 영향을 주었고, 훗날 스피노자(Spinoza, 1632~1677)와 칸트(Kant, 1724~1804)에

5) 조남진. 앞의 책, 224-225쪽.

6) 김태길·윤명로·최명관 역. 앞의 책, 135쪽.

7) 이경직 역(2000). 앤소니 A. 롱 지음. 『헬레니즘 철학』. 서울: 서광사, 207-208쪽.

게도 큰 영향을 주었다.

2) 에피쿠로스학파

에피쿠로스(Epicurus, 기원전 331~270)는 쾌락주의 윤리설의 중심인물이다. 그는 과학적 탐구를 경시하였는데, 그것은 과학이나 수학이 인간 삶의 행동 양식과 무관하다고 생각하였기 때문이다. 그래서 그는 철학 중에서도 윤리학에 지대한 관심을 가졌다. 인간이 불행한 원인을 그 사회의 잘못된 믿음, 즉 신에 대한 믿음이나 영혼의 운명에 대한 믿음, 그리고 참으로 가치 있는 삶의 목적에 대한 믿음에서 찾을 수 있다고 보았다.[8)]

에피쿠로스가 추구한 인생의 가장 큰 목적은 쾌락이었다. 모든 사람은 쾌락을 얻으려고 하며, 행복은 쾌락에 있다는 것이다. 술 마시고, 맛있는 음식을 먹고, 성을 즐기는 것이 쾌락의 원천이라는 점을 그는 부정하지 않았으나, 에피쿠로스가 추구한 본질은 영혼과 마음의 평온에 있었다. 쾌락을 즐기는 행위로 인해 신체와 마음이 고요하고 안정된 성향을 갖지는 못하기 때문에, 그러한 행위가 낳는 쾌락을 목적으로 삼지는 말아야 한다고 보았다.[9)]

에피쿠로스는 가장 큰 고통이 사물의 본성과 신, 그리고 영혼의 운명에 관한 잘못된 믿음 때문에 생기는 마음의 동요라고 보았다. 그래서 그는 쾌락을 현실 세계가 주는 만족에서 찾지 않았다. 에피쿠로스의 쾌락은 영혼이 고요한 상태이고, 마음이 평온한 상태였다. 이를 위해 고통을 거부하지 않았다. 고통을 참고 견디면, 더 큰 쾌락을 얻을 수 있을 것이라 생각한 것이다. 순간적이고 감각적인 쾌락보다는

8) 이경직 역. 위의 책, 53쪽.

9) 이경직 역. 위의 책, 135쪽.

도덕적이고 정신적인 쾌락을 추구한 것이다.

이같이 에피쿠로스가 추구한 쾌락은 육체 환락이 아니라, 고통과 혼란으로부터의 소극적 해방, 즉 번뇌 없는 평정인 아타락시아(ataraxia)를 의미한다. 이것은 육체 건강과 마음의 평정이며, 다른 사물에 의존하지 않는 자유로운 정신 상태이다.[10] 이를 실현하는 방법으로 절제와 검약 및 정욕에 물들지 않는 금욕주의를 제시하였다. 또한 지혜, 용기, 절제, 정의 등 미덕은 아타락시아를 이루기 위한 조건이 되며, 행복을 얻기 위한 방법이라고 보았다. 이러한 정신적 쾌락을 추구하는 것이 행복을 추구하는 길이라고 보았다.

2. 중세의 그리스도교와 이슬람교 철학

1) 그리스도교 철학

서양 문화의 중심은 헬레니즘과 헤브라이즘(Hebraism)에 있다고 보는 견해가 일반적이다. 이 가운데, 헬레니즘이 고대 그리스의 문화 전통에 기원을 두고 있는 반면에, 헤브라이즘은 고대 히브리(Hebrew)족의 신앙인 유대교(유태교)에 기원을 두고 있다. 유대교는 모세(Moses)의 율법과 구약성서의 율법을 숭배하는 것을 중심으로 하며 메시아(Messiah)에 의한 구원 사상을 중시한다. 이 같은 헤브라이즘의 전통에 토대를 두고서, 유대교도이었던 예수에 의해 그리스도교(기독교)[11]가 형성되었다.

10) 조남진. 앞의 책, 270쪽.

11) 그리스도교(Christianity)는 크리스트교 혹은 기독교(基督教)라고도 하며, 기독교의 기독(基督)은 한자로써 그리스도의 음을 나타낸 말이다. 그리스도(Christ)는 메시아, 구원자를 의미한다.

그렇지만 그리스도교는 유대교와 달리 신약성서에 근거하여 예수를 메시아로 인정한다. 그리스도교를 유대교와 다른 종교로 탄생시킨 과정에는, 예수 이후 사도 바울(Paul, 10~60)을 비롯한 여러 사람의 노력이 있었다. 이들은 유일신이 있고, 성부·성자·성령은 한 분이며, 예수가 성자라고 보았다. 모든 인간에게는 죄가 있기에, 예수를 믿어 구원을 받아야 하나님의 나라에 갈 수 있다고 보았다. 또한, 예수 그리스도가 심판하러 다시 오면, 새로운 세상이 열릴 것이라는 세계관을 갖고 있었다.

그림 2 예수가 그리스도임을 입증한 기적을 그린 '가나안 혼인잔치'[12)]

이런 까닭에, 로마제국 시대에 그리스도교는 큰 박해를 오랫동안 받았다. 콘스탄티누스(Constantinus, 285~337) 황제가 313년에 밀라노 칙령을 발표함으로써, 그리스도교는 종교의 자유를 얻게 되었다.

12) 베로네제(Véronèse)의 '가나안 혼인잔치(1562-1563)'는 예수가 그리스도임을 입증한 기적을 그렸다: 혼인잔치에서 포도주가 떨어졌을 때 물을 포도주로 변화시킨 그리스도의 성스런 장면으로 그림의 중앙에 성모 마리아와 예수 그리스도가 앉아 있고 그 제자들이 테이블에 앉아 있으며 첼로 연주자가 베로네제 자신이다.

그 후 그리스도교는 로마제국의 공식 종교가 되었고, 유럽을 중심으로 그리스도교 문화를 형성하였다. 또한, 철학 측면에서는 교부철학(Patristic Philosophy, 2~8세기 말)과 스콜라철학(Scholasticism, 9~15세기 말) 등을 형성하여 중세 철학을 전개하였다. 중세 철학의 가장 큰 관심사는 신의 존재에 대한 철학적 증명에 있었다고 볼 수 있다. 중세 철학은 플라톤과 아리스토텔레스 등의 고대 그리스 철학을 활용하여 발전하였고, 또한 고대 그리스 철학에 기반을 둔 까닭에 쇠퇴를 맞이하게 되었다.

(1) 교부철학(Patristic Philosophy)

그리스도교 교회의 교리를 저술한 사람들을 가리켜 '교부'(敎父)라고 한다. 이들이 교회의 중심 교리와 종교의 체계를 잡았다. 이 과정에서 주로 신과 이성에 대한 문제를 다루었다. 그리스도교 철학과 고대 그리스 철학의 만남을 시도했던 대표적인 사람은 고대 알렉산드리아의 유대인 철학자 필론(Philon, 기원전 25~서기 50)이었다. 그는 구약성서가 고대 그리스 철학보다 시간적으로 선행한다는 점과 성서의 저작자들이 신적인 영감을 통해 기록하였기 때문에, 유대인의 지혜가 철학보다 우월하다고 주장하였다. 의도적으로 철학을 신학의 보조자로 폄하시킨 것이다.[13)]

그 후 2세기경에, 그리스도교 내부에서는 그리스도교와 철학의 연관성에 대해 두 가지 상반된 입장이 전개되었다. 한쪽은, 철학을 없애려고 시도하였다. 왜냐하면 철학이 기독교 진리의 순수함을 지켜나가는 데 방해가 되기 때문이었다.[14)] 한편, 다른 한쪽은 철학적 방법

---

13) 김요한(2002). 헬레니즘과 기독교 철학. 『범한철학』, 26집, 42쪽.

14) 테르툴리아누스(Tertullianus, 150~220)는 온갖 형태의 철학을 교회의 적이라고

론을 통해 기독교 신학의 체계화가 가능하다고 보는 입장이었다.[15]

그렇지만, 그리스도교가 확장해감에 따라, 그리스도교의 적대자들에 대한 변론이 필요하게 되었다. 변론의 시작은 순교자 유스티누스(Justin Martyr, 100~165)에 의해서 이루어지게 되며, 주로 플라톤 철학의 개념과 원리들을 빌려와서 그리스도교 교리를 강화하였다.

교부철학에서 종교와 철학을 결합시켜, 그리스도교를 체계화시키는 데 가장 큰 공헌을 한 사람은 아우구스티누스(Augustinus, 354~430)였다. 그에게 철학은 신앙과 이성의 합일이었고, 지혜는 그리스도교적 지혜였다. 인간의 구체적 조건을 이해하기 위해, 그리스도교 신앙의 관점에서 생각해야 하고, 세계도 신앙의 관점에서 고찰되어야 한다고 보았다.[16] 그의 주요 관심은 신과 인간의 영혼에 관한 것이었다.

신은 진리이고, 신은 인간 안에 있다. 신은 영원한 존재이므로 인간을 초월한다. 신은 존재 그 자체이고, 신만이 참다운 존재이다. 따라서 사물들이 그 존재를 갖게 되는 것은 모든 존재의 근원인 신에 의한 것이다. 신은 세계의 사물과 달리 시간과 장소, 그리고 선을 초월하는 순수한 존재이다. 만물은 신의 영원한 사유의 유한한 반영물이다. 신을 알게 되면, 세계의 본질과 인간의 본질을 알 수 있다고 아우구스티누스는 생각하였다. 신을 가장 완전한 의미를 가진 존재로 규정하는 것은 중세 철학의 영속적인 주제였다.[17]

이 같은 아우구스티누스에게 있어서, 인간은 완전한 신의 이성적 피조물이다. 인간은 불완전하고 유한하므로 행복을 추구하게 된다.

배척하였다.

15) 김요한. 앞의 논문, 47쪽.

16) 이광래 역. 앞의 책, 204쪽.

17) 강영계 역(1984). J. R. 와인버그 지음. 『중세철학사』. 서울: 민음사, 43-44쪽.

만물은 선 자체인 신에게서 비롯되었기 때문에, 그 자체가 악한 것은 없다. 인간에게 있어 악은 자유 의지의 남용이다. 인간은 자유 의지를 가지고 있는데 이것으로 인해 잘못된 선택을 하게 된다는 것이다. 뿐만 아니라, 선을 택하더라도 실천할 능력을 지니고 있지 못하기 때문에 신의 은총을 받아야 한다고 보았다. 덕은 인간의 의지가 아니라, 신의 은총의 산물이라는 것이다.

이처럼 인간의 영혼과 육체를 둘이 아니라 하나라고 보면서, 다른 한편으로는 플라톤적인 영혼론의 배경 아래에서 인간이 육체를 지배하기에, 인간을 이성을 갖춘 실체로 정의함으로써, 인간을 영혼 또는 정신으로 파악하였다. 이는 인간 내면에 진리가 있고, 이를 통해 참된 자기 자신을 발견할 수 있다고 생각했기 때문이다.[18] 참된 자신은 바로 신의 모습을 찾는 것이고, 행복은 신에 대한 사랑을 통해 완전히 이루어진다는 것이다. 완전한 신만이 인간에게 궁극적인 만족인 행복을 줄 수 있다고 보았다.

(2) 스콜라철학(Scholasticism)

중세에 들어와, 모든 것은 그리스도교를 중심으로 파악되고 해석되었다. 그 중심적인 철학이 스콜라철학이었다. 본래 스콜라(schola)란 말은 라틴어로 학교를 의미하며, 특히 4세기경부터 서유럽 그리스도교 수도원이나 성당에 마련된 부속 학교를 의미하였다. 그래서 스콜라철학의 발전과 더불어, 대략 9세기부터 스콜라 철학자들이 주로 스콜라(schola)를 중심으로 활동하였고, 스콜라(schola)의 발전과 더불어 12세기경부터는 대학이 설립되었다.

18) 이상섭(2007). 자기인식에 대한 아우구스티누스와 토마스 아퀴나스의 이론비교. 『범한철학』, 제45집, 102-103쪽.

스콜라 철학은 그리스도교를 중심으로 종교와 이성의 조화를 모색하였다. 스콜라 철학의 기본적인 지향은 그리스도교에 철학을 결부시켜 이성적 위치를 부여하는 데 있었다.

초기 스콜라 철학자인 안셀무스(Anselmus, 1033~1109)는 신앙이 이성에 선행하며, 이성의 소재들을 제공한다는 아우구스티누스의 견해를 받아들여, 신에 대한 존재를 증명하고자 하였다. 그는 명백한 최상의 진리가 존재하며, 그것은 신의 존재이고, 신은 정신에만 존재하는 것이 아니라, 정신과 실제에 모두 존재한다고 보았다. 따라서 신은 인간의 이성에 의해 생각할 수 있는 가장 큰 것이므로, 그것이 존재하지 않는다고 생각될 수 없을 정도로 참답게 존재한다고 보았다.[19]

그래서 스콜라 철학 초기의 중요한 논점은 보편과 개별에 관한 것이다. 특히, 보편이라는 것이 실제적으로 존재하는가에 대하여 초점을 두었다. 보편이 실제로 존재한다는 입장을 실재론(realism)이라 하고, 에리우게나(Eriugena, 810~877)와 안셀무스(Anselmo, 1033~1109)가 여기에 해당된다.

반면에, 보편이라는 것은 존재하지 않으며, 사람들이 만든 이름에 불과하다는 입장은 유명론(nominalism)이라고 한다. 로스켈리누스(Roscellinus, 1050~1125년경)와 윌리엄 오컴(William of Ockham, 1285~1349)은 개별 사물이 갖는 의미를 보다 강조하였다. 실재론과 유명론의 보편 논쟁은 하나님의 존재, 교회의 교리, 원죄의 문제에서 중요한 부분이었다.[20] 그래서 중세의 교회는 실재론을 선호하였다.

토마스 아퀴나스(Thomas Aquinas, 1225~1274)는 중세 철학의

19) 강영계 역. 앞의 책, 69-73쪽.

20) 김태길·윤명로·최명관 역. 앞의 책, 220-221쪽.

완성에 공헌한 철학자로 평가받음이 일반적이다. 그는 신의 존재를 증명할 수 있는 또 다른 논증을 제시하였다. 그것은 아리스토텔레스의 논증을 사용하는 시도였다. 이것은 중세 철학이 주로 플라톤의 이데아설을 사용해온 동향에서 벗어난 접근이었다. 이러한 아리스토텔레스 철학의 부상은, 이슬람권에서 잘 보존되고 있었던 아리스토텔레스 철학을, 13세기에 알베르투스 마그누스(Albertus Magnus, 1206~1208)가 사용한 접근에서도 찾을 수 있다. 토마스 아퀴나스와 알베르투스 마그누스와 같이 아리스토텔레스에 주목한 철학자들에 의해 중세 철학을 한층 더 발전시켰으나, 이와 동시에 중세 신 중심의 철학이 쇠퇴하는 계기도 마련되었다. 그리스도교에서 강조하는 창조, 영생, 성체 등의 개념들은 아리스토텔레스의 철학에서 보면, 명백하게 불가능한 것이기 때문이다. 이러한 위험성에도 불구하고, 토마스 아퀴나스가 아리스토텔레스 철학을 사용한 이유는 이성과 종교 사이에 차이가 남에 주목하였기 때문이다. 철학과 신학이 모두 신을 다루는 공통점을 지니고 있기에,[21] 토마스 아퀴나스는 아리스토텔레스 철학이 신학에 도움을 준다고 판단하였던 것으로 보인다. 하지만, 신학이 계시적, 종교적 지식의 권위에 기반을 두고 논의를 전개하는 반면에, 철학이 사물의 본질에 대한 합리적 설명을 통해 결론을 이끌어내는 차이에 크게 주목하지 못한 것으로 보인다.

토마스 아퀴나스는 다음과 같이 신에 대한 존재를 증명하고자 하였다. 첫째, 우리는 시선이 닿는 어디에서나 운동하고 있는 사물을 발견하지만, 다른 것에 의해 움직여지지 않고 사물들을 움직일 수 있는 것은 신이다. 둘째, 모든 결과에는 작용인이 있으며 신이라는 제1의 작용인이 있어야 한다. 셋째, 자신의 필연성을 다른 사물에서

21) 이광래 역. 앞의 책, 264-265쪽.

받아들이지 않고, 스스로 자신의 필연성을 소유하는 어떤 존재자의 존재를 인정해야 한다. 넷째, 모든 존재들에 대해 그것들의 존재와 선한 것과 완전성의 원인인 그 어떤 것이 있어야 한다. 다섯째, 자연의 모든 사물들에게 자신들의 목적으로 향하게 해주는 지성적인 존재가 존재한다. 바로 이러한 존재를 신이라고 한다.22) 이렇게 다섯 가지 요소를 들어, 신이 제1의 원인이라는 점을 증명하였다. 이와 같이 신에 의해 창조가 이루어진다고 보며, 창조에는 신과 사물들 사이에 무한한 간격이 있다고 보았다. 즉, 세계가 제1원인인 신을 닮았지만, 어쩔 수 없이 부족함이 있다는 것이다. 모든 피조물은 완전한 존재인 천사로부터 가장 불완전한 사물로 내려가는 위계적 질서를 가지고 있다고 보았다. 인간은 비질료적 존재의 계열에 속하지만, 천사와 같은 순수 예지는 아니며, 이중적인 구성을 지닌다. 즉, 영혼은 신체를 지배하고 있기 때문에, 인간은 예지층과 물질적 존재층을 구획하는 존재이다.23) 예지를 부여받은 인간은 자유로운 활동과 의지에 의해 선을 추구하며 행복을 추구하고, 행복은 이성에 의해 인간의 가능성을 완성하고자 한다는 것이다. 신에 대한 자연적 욕구의 무의식적 표현은 불완전하기는 하지만 참된 복이다.24) 이 참된 복을 이루기 위해서는 인간 자신의 자연적인 목적과 초자연적인 목적을 성취해야 한다. 자연적 목적을 이루기 위해서는 선에 대한 이성적 지식인 도덕적인 덕인 정의·절제·용기·지혜를 가져야 한다. 초자연적 목적은 계시를 통해 신에게서 비롯된 것이며, 신의 은총에 의한 선물이다. 이것은 자신의 힘이 아니라 신에 의해 믿음·소망·사랑을 얻게 된다는 것이다.25) 비질료적 존

22) 위의 책, 266-271쪽.

23) 김기찬 역(1999). 엔티엔느 질송 지음. 『중세철학사』. 서울: 현대지성사, 519-520쪽.

24) 위의 책, 527쪽.

재이며 불멸적 존재인 영혼은, 반드시 최고선을 목적으로 할 수밖에 없다는 의미가 된다.

이처럼 토마스 아퀴나스는 아리스토텔레스 철학의 많은 부분을 차용하여, 자신만의 독창적인 신학 이론 체계를 세움으로써 중세 신학의 철학적 기초를 완성하는 데 공헌하였다. 아리스토텔레스의 자연주의 관점과 경험론을 채택하였지만, 모든 것은 신에게 의존한다는 부분을 유지하였다. 이와 같은 토마스 아퀴나스의 관점은, 스콜라 철학자들을 비롯하여 신학자들에게 큰 영향을 주었다.

2) 이슬람교 철학과 문화

(1) 이슬람교 철학

이슬람(Islam)[26]은 서구로부터 배척당해 왔기에, 이슬람교를 그리스도교(기독교)와 전혀 다른 종교로 오해하는 사람이 많다. 그렇지만 이 두 종교의 토대는 동일하다. 중동 지역에서 꽃을 피운 헬레니즘이 십자군 원정을 통하여 유럽으로 유입되어 서구 문화의 원류가 된 것처럼 유대교로부터 출발한 그리스도교와 이슬람교는 초기 역사와 많은 공통점을 공유하며 상이하게 발전하였다.

이슬람교와 그리스도교의 역사는 아브라함(Abraham, 이스라엘 민족의 시조라는 견해가 다수임)까지는 동일하고 아브라함의 아들 때부터 갈라졌다. 아브라함의 아들인 이삭(Isaac, 야곱의 아버지로서 구약성경 창세기에 의하면 아브라함이 100세이고 그 첫째 부인 사라가 90세일 때 이삭을 차남으로 낳았음)이 그리스도교의 계보를 이루

25) 이광래 역. 앞의 책, 284쪽.

26) 이슬람은 이슬람교가 국교인 국가나 그런 문화권을 의미하며, 그 어원은 '평화'(salaam, 샬롬) 또는 '복종하다'(aslama, 아슬라마)로 다양하게 논의되고 있음.

고,[27] 다른 아들인 이스마엘(Ishmael, 아브라함이 86세 때 둘째 부인 하갈과의 사이에서 낳은 아브라함의 맏아들)이 이슬람교의 계보를 이룬다.[28] 그래서 이슬람교의 경전인 꾸란(코란, Koran, Qur'an)에도 예수 그리스도가 기록되어 있으나, 이슬람교에서는 예수 그리스도를 하나님 알라(Allah, 이슬람교의 유일신, 어의상 '하나의 신'을 의미)의 아들이 아니라 하나님으로부터 선택받은 선지자로서 '마리아의 아들'이라고 믿는다.[29]

이처럼 그리스도교와 이슬람교의 큰 차이는 예수 그리스도를 이해하는 관점에서 비롯되었다. 이것은 유대교와 그리스도교의 차이에서도 마찬가지이다. 바꾸어 말하면, 유대교에서는 구약성경을 믿으며 예수 그리스도의 기록인 신약성경을 믿지 않으나, 그리스도교에서는 구약성경과 신약성경을 모두 하나님의 계시로 믿는다. 반면에 이슬람

27) 마태복음 1장에 예수 그리스도의 계보가 쓰여 있다. 즉, (마1:1) "아브라함과 다윗의 자손 예수 그리스도의 계보라", (마1:2) "아브라함이 이삭을 낳고 이삭은 야곱을 낳고 야곱은 유다와 그의 형제들을 낳고" ... (마1:16) "야곱은 마리아의 남편 요셉을 낳았으니 마리아에게서 그리스도라 칭하는 예수가 나시니라"(출처: 마태복음 1장)

28) 꾸란 알-바까라(암소)장, "상기하라 주님이 명령으로써 아브라함을 시험할 때 그는 그것들을 이행하였으니 하나님이 말씀하사 보라 내가 너를 인류의 지도자로 임명하도다. 아브라함이 가로되 저의 후손으로부터 지도자들이 있을 것입니까 물으니 말씀하사 나의 약속은 우매한 자들을 포함하지 않으리라 하시더라. 상기하라 하나님은 그 집을 인류의 안식처 및 성역으로 만들었으니 기도를 드리기 위해 아브라함이 멈춘 그곳을 경배의 장소로 택하라 또한 신전을 도는 사람과 엎드려 경배하는 자들을 위해 나의 집을 정화할 것을 아브라함과 이스마엘에게 명령하였노라... 아브라함은 그의 자손들에게 그의 종교를 따르라 했으며 야곱도 그랬도다 실로 하나님께서 너희를 위해 신앙을 선택하여 주셨나니 그 안에서 무슬림으로 일생을 마치라."(출처: 꾸란-한국어 웹사이트)

29) 꾸란 알-바까라(암소)장, "하나님은 모세에게 성서를 주었고 그를 이어 예언자들을 오게 하였으며 마리아의 아들 예수에게 권능을 주어 성령으로 그를 보호케 하였노라..."(출처: 꾸란-한국어 웹사이트)

교에서는 구약성경과 신약성경을 모두 사용하지만 무함마드(Muhammad, 이슬람교의 창시자, 하나님의 마지막 예언자)가 하나님으로부터 계시받은 것을 기록한 꾸란(Koran, Qur'an, 이슬람교의 경전)을 최고의 경전으로 믿는다.

이 같은 차이를 지닌 그리스도교(기독교)와 이슬람교는 대립만 한 것은 아니었다. 중세 서양철학이 고대 그리스철학을 토대로 발전한 것처럼, 이슬람 철학은 고대 그리스 몰락 후 로마에서 일어난 신플라톤주의[30) 철학서를 아랍어로 번역한 주석서를 기초로 발전하였다. 아랍의 압바스 왕조는 건국 초기부터 라이벌 관계에 있었던 비잔틴 제국보다 문화적으로 우월하다는 점을 강조해 왔으며, 그 일환으로 자신들이야말로 진정한 고대 그리스 학문의 계승자임을 강조했다(김정명, 2014). 아랍에서는 중세 서양의 스콜라철학의 경우처럼 10세기 이후에는 아리스토텔레스의 학문이 보다 더 지배적이었지만 그 철학이 일어나던 6-9세기에는 플로티노스(Plotinos) 같은 신플라톤주의 철학자들의 사상이 큰 영향을 주었고 그들의 저작들이 더욱 많이 유포, 연구되었다(전광식, 2008).

11세기 이후 십자군 전쟁과 예루살렘을 둘러싼 동-서양의 갈등이 계속되는 가운데, 용감한 기독교 학자들이 지식을 찾아 이슬람 세계에 발을 디뎠다: 스코틀랜드 출신인 마이클 스콧(Michael Scot, 1175~1232)은 아베로에스[31)]의 아랍어 책들을 라틴어로 번역하여 13세기

30) 플로티노스(Plotinos, 205~270)에 의해 창시된 신플라톤주의(Neoplatonism)는 고대 그리스의 마지막 철학 동향으로서 529년 교회 교리와 이론을 정립한 동로마제국 황제 유스티니아누스(Iustinianus)의 이교도 학교 폐쇄와 이교도 철학의 금지에 의해 힘을 잃었다. 비(非)그리스도교적 철학을 추구한 신플라톤주의는 플라톤의 이데아 이론을 중심으로 모든 것을 위계적으로 파악하며, 행복 등 높은 단계로의 상승은 내세의 구원이 아니라 현세의 깨달음과 노력을 통해 가능하다고 보았다.

중세 기독교 철학에 신선한 충격을 지대하게 미쳤고, 이같이 유럽에 소개된 아랍 과학과 철학의 새 지식과 사상은 자유롭게 그리고 이성적 흐름을 타고 전통적인 기독교 교리뿐만 아니라 철학, 과학, 의학 그리고 다른 주제들과 접변되면서 그 영향을 더욱 확대하였다(황의갑 · 김정하, 2014). 한편 중세 기독교도 이슬람에 영향을 미쳤다. 기독교의 영향이 이슬람 철학적 신학에 절대적인 영향을 행사했다고 간주하는 것이 합리적이지 못한 것처럼 서로 영향을 주고받지 않았다고 주장하는 것도 타당하지 못하며, 기독교와 이슬람은 철학적 신학의 주제들과 관련해서 영향을 주고받은 면이 있었다(김요한, 2012).

그림 3 바티칸 교황 궁전의 벽화인 '아테네 학당'[32)]

31) 아베로에스(Averroes, 1126~1198, 아랍어 이름은 '이븐 루슈드'이며 '아베로에스'는 라틴어 이름임)는 아리스토텔레스 저작의 주석서를 쓴 이슬람 철학자로서 그의 저작들은 라틴어로 번역되어 중세 서양철학에 영향을 주었다. 이슬람 정통주의 철학에 동조하지 않았던 아베로에스는 중세 서양에서 아리스토텔레스에 대한 관심을 일으키는 데 공헌하였다. 그의 영향력은, 바티칸 교황궁전의 유명한 벽화인 '아테네 학당'(The School of Athens)에 터번을 쓰고 이슬람 옷을 입고 있는 인물로 그려져 있음에서도 알 수 있다.

32) 라파엘로(Raffaello Sanzio da Urbino, 1483~1520)가 바티칸 교황 궁전에 그린 벽화인 '아테네 학당'. 그림의 왼쪽 하단에서 글을 쓰는 '피타고라스' 뒤의 터번을 쓴 사람이 '아베로에스'이다.

고대 그리스(희랍) 학문이 이슬람 세계로 본격적으로 소개된 시기는 8세기 후반부터였으며, 9세기 압바스조의 '칼리파 알 마문'[33]은 바그다드에 '지혜의 전당'이라는 학술 기관을 설립해 희랍 학문의 수용을 국가 정책으로 적극 후원한 결과 플라톤, 아리스토텔레스를 비롯한 고대 그리스의 주요 철학자들의 작품이 아랍어로 번역되었는데, 그 가운데 중세 이슬람 철학을 대표했던 '알 파라비'[34]와 '이븐 시나'[35]에게 영향을 미친 것은 신플라톤주의 철학자들의 작품이었다(김정명, 2012).

(2) 이슬람 문화

전 세계의 종교를 가톨릭, 개신교, 정교, 힌두교, 이슬람교, 불교, 유대교, 토속종교 등으로 구분할 때, 가장 많은 사람이 믿는 종교는 이슬람교이다. 전 세계 종교 인구 중 이슬람교를 믿는 인구는 약 16억 명으로 전 세계의 사람 4명 중 1명이 이슬람교도임에 주목할 필요가

33) '칼리파 알 마문'[Al-Ma'mun, 786~833, 칼리파(khalīfa, 칼리프, 이슬람 왕조에서 국가 · 종교 최고지도자 호칭임)]은 압바스 왕조(750~1258년 기간의 아랍제국 왕조)의 학문과 예술 전성기를 이룬 제7대 칼리파였다. 그는 수도인 바그다드에 고대 그리스 철학자들의 저작들을 번역 및 연구한 '지혜의 전당'(Bayt-al-Hikma, House of wisdom)을 세웠다.

34) '알 파라비'(al-Farabi, Alfarabius, 872/875?~950)는 압바스 시대의 대표적 철학자이며 정치사상가로서 아리스토텔레스 철학을 이슬람 철학의 관점에서 연구해 이슬람의 이상국가론을 펼쳤다.

35) '이븐 시나'(980~1037)는, 저승으로의 여행을 다룬 단테의 서사시 '신곡' 지옥편에 나올 정도로 서구에서도 유명한 이슬람 철학자였다(기독교의 하나님을 안 믿지만 훌륭한 영혼들이 모이는 첫 번째 지옥인 림보에는 고대 그리스와 로마의 철학자들이 있는데 이곳에 '이븐 시나'도 이교도로서 있는 것으로 '신곡'에 나와 있다.). '이븐 시나'는 '알 파라비'의 철학으로부터 영향을 받았고 신이란 본질과 실존이 동일한 유일한 존재로 보았다. 그의 철학은 중세 서양의 토마스 아퀴나스와 스콜라철학에 영향을 미쳤다.

있다. 이들의 문화는 다양한 관점에서 장 · 단점이 설명될 수 있겠으나 이슬람의 대표적 문화인 라마단(Ramadan, Ramaḍān)을 중심으로 그 특징을 살펴보면 다음과 같다(조정호, 2014 참고).

라마단은 국내에서 무슬림의 금식을 중심으로 소개되어 왔다. 무슬림이 라마단 기간에 무려 한 달간 금식을 한다는 식으로 이슬람교를 잘 모르는 사람들의 호기심을 자극하는 보도와 설명이 중심이다. 그렇지만 이 금식은 여타 종교의 금식과 구별되는 특징이 있다. 라마단 기간의 금식은 예배의 한 가지 유형으로 수행된다(Martin (Ed.), 2004: 568). 이 라마단은 행사의 명칭인 동시에 이슬람력의 성월(聖月)을 나타내는 월의 명칭이기도 하다. 라마단은 무슬림이 성스런 종교의식을 한 달여에 걸쳐 실천해야만 하는 종교적 기간이다. 그래서 라마단은 이슬람력의 아홉 번째 달의 명칭인 동시에 그 기간의 이슬람 고유의 행사를 의미한다.

이 라마단 기간에 무슬림은 다른 종교들의 금식에서처럼 물만 마시거나 단식을 하는 것이 아니라, 일출 후 일몰까지만 금식을 하며 밤에는 식사를 평소처럼 하고 일상을 되돌아보는 기회를 맞으며 이슬람교에서 중시하는 종교 의례에 참석한다. 특히 이 기간에는 금욕을 통한 절제 속에서 불우한 이웃과 타인에 대한 기부와 자선을 실천하는 미덕을 키우고 발휘한다. 지역사회 이웃에 대한 자선 이외에, 대외적으로도 이 기간에 이슬람 산유국들이 아프리카의 가난한 국가들을 재정적으로 돕거나 국제 자선단체들을 후원한다.

라마단은 태음력인 이슬람력(Islamic Calender, Hijri Calender)의 아홉 번째 달의 명칭인 동시에, 알라(Allah, 이슬람교의 유일신, 어의상 '하나의 신'을 의미)와 무함마드(Muhammad, 이슬람교의 창시자, 하나님의 마지막 예언자)를 숭배하는 이슬람교의 매우 중요한 종교 행사를 의미한다. 이 이슬람력의 아홉 번째 달은 초승달이 보이는 지역별 차이에 따라서 전 세계적으로 월의 시작일이 동일하지 않고 매년 같지도 않다. 메카 이슬람 달력(Makkah Islamic Calendar)에 따르면(www.makkahcalendar.org), 2013년에 라마단이 7월 9일에 시작한 국가들이 있으나(아프리카 27개 국가, 북 · 중미 23개 국가, 남미 12개 국가, 오세아니아 1개 국가), 7월 10일에 시작한 국가들도 있다(아프리카 27개 국가, 아시아 44개 국가, 유럽 47개 국가, 오세아니아 14개 국가).

우리나라의 음력에서 달의 명칭이 1월, 2월 등 외에 '정월', '동짓달', '섣달' 등이 있는 것과는 비교가 안 될 정도로, 이슬람력에는 달마다 고유한 명칭이 있다. 구체적으로, 1월은 무하라(Muharram), 2월은 사파르(Safar), 3월은 라비I(Rabi' I), 4월은 라비II(Rabi' II), 5월은 주마다I(Jumada I), 6월은 주마다II(Jumada II), 7월은 라자브(Rajab), 8월은 샤반(Sha'ban), 9월은 라마단(Ramadan), 10월은 샤발(Shawwal), 11월은 둘카다(Dhul-Qi'dah), 12월은 둘히자(Dhul-Hijjah)이다. 이들 가운데 12월을 제외한 나머지 11개월 중 30일인 달이 6회이고(라비I, 주마다I, 주마다II, 샤반, 샤발, 둘카다), 29일인 달이 5회이며(무하라, 사파르, 라비II, 라자브, 라마단), 12월(둘히자)은 29일 또는 30일 가운데 어느 하나가 된다(메카 이슬람 달력에서는 2014년 9월 26일에 시작하는 둘히자는 29일임). 이러한 12개월 중 무슬림들이 이슬람교에서 벗어나는 기간은 없다. 왜냐하면 이슬람교는 종교를 일상의 삶 속에 완전히 동화시켜 생활의 구체적인 지침으로 발전시켜왔기 때문이다(이원삼, 2007: 3).

그럼에도 불구하고 이슬람력의 아홉 번째 달인 라마단은 여타의 달들보다 상대적으로 중요한 시기이다. 그 이유는 무함마드가 꾸란(Koran, Qur'an, 이슬람교의 경전)의 첫 번째 경구를 알라로부터 계시받은 라일라툴 까드르(Laylatulqadr, Laylat al Qadr, '권능의 밤')가 이 라마단 기간에 있음에서 찾을 수 있다. 또한 라마단에 바로 이어지는 행사가 이슬람 2대 축제 중 하나인 이드 알피트르(Aid El Fitr, 'Id al-Fitr, Eid al-Fitr)임에 주목할 필요가 있다.36) 그래서 메카 이슬람력에 의하면, 이슬람의 주요 연중행사 총 11개 가운데 3개가 라마단 29일 기간에 포함되어 있다. 구체적으로, 라마단 행사는 이슬람력의 아홉 번째 달인 9월 라마단 1일(2013년에서는 7월 10일)에 시작하고, 무함마드가 처음으로 승전한 바드르 전투(Ghazwat Badr)의 기념일은 라마단 17일(2013년에서는 7월 26일)이며, 특히 무함마드가 꾸란의 첫 번째 경구를 알라로부터 계시받은 '권능의 밤'(Laylatulqadr, Laylat al-Qadr)은 라마단 27일(2013년에서는 8월 5일)이다.37) 게다가 라마단이 끝난 바로 다음 날부터 사흘간 열리는 이드 알피트르를 라마단과 연계시키는 동향을 반영하면(Heiligman, 2009) 라마단은 이슬람의 주요 연중행사 총 11개 중 4개를 포함한다고 볼 수 있다.38)

더욱이 이슬람교의 교리는 오주(다섯 개의 기둥[종교적 의무]),

---

36) 금식을 마치는 축제인 이드 알피트르(Aid El Fitr, 'Id al-Fitr, Eid al-Fitr, Eid ul-Fitr, Eid)는 파제절(罷祭節)로서 라마단이 종료된 다음 날부터 시작한다. 라마단 다음 달, 이슬람력 10월의 첫째 날부터 3일간 열리는 이드 알피트르에서는 라마단이 끝난 것을 예배드리고 서로 축하하며 선물을 교환한다. 이 축제의 첫날에 무슬림은 가난한 이웃/사람들을 위하여 이슬람 사원에 종교적 납부금을 바치는 것이 상례화되어 있다.

37) 메카 이슬람 달력(www.makkahcalendar.org)에서는 무함마드가 꾸란의 첫 번째 경구를 계시받은 라일라툴 까드르(Laylatulqadr, 권능의 밤)를 2013년을 기준으로 볼 때 2013년 8월 5일로, 즉 라마단 27일로 제시하였으나, 하디쓰(Hadith, 무함마드의 행동과 사례들을 수록 편찬한 언행록)에서는 라일라툴 까드르의 정확한 일자를 알 수 없다고 본다.

38) 라마단이 끝난 다음날 이드 알피트르가 열리는 것에 비하여, 라마단 전달인 이슬람력 8월인 샤반 15일에는 '샤비바랃'이 열리는데 무슬림들은 이 날 금식을 하며 꾸란을 읽는다.

즉 신앙고백(shahadah, shahda), 예배(salah, ṣalat), 금식(sawm, saum), 희사(zakah, zakāt), 성지순례(Hajj)인데, 이 가운데 금식은 라마단과 연관되어 있다. 즉, 무슬림은 라마단 기간 중 일출부터 일몰까지 낮 시간에 금식을 해야 한다. 여기서 말하는 금식은 음식과 물만 금지하는 것이 아니라 금연, 금욕, 말조심 등 심신 단속과 정화에 힘쓰는 것을 모두 포함한다. 그래서 라마단의 금식은 예배의 한 가지 유형으로 수행된다. 이 금식은 신체적, 외면적 측면에만 연관된 것이 아니라 도덕적 치료(moral healing), 영적인(spiritual) 사항, 내적인 인내 등과도 관련되어 있다[Muhaiyaddeen, 2005; Bakhtiar (Ed.), 2011]. 이 밖에도 한국이슬람교중앙회 자료에 의하면, 이슬람에서의 금식은 배고픔의 고통을 체험함으로써 가난한 자의 고통을 알게 해주고 나아가서 여유 있는 사람들이 부족한 사람들을 돕도록 유도하는 사회적인 목적을 갖고 있다.

이상에서 알 수 있듯이 이슬람교에서 라마단의 위상은 이슬람력 어느 달과 비교될 수가 없을 정도로 매우 크다. *Encyclopaedia of Islam*(Second Edition)에서는 라마단이 꾸란에 언급된 유일한 달이라는 설명을 하고 있다. 그래서 무슬림은 라마단에 그들 삶의 매우 큰 의미를 부여한다(Brill Online Reference Works, 2014). 사람 이름을 라마단이라고 짓는 경우가 잦다. 라마단이란 이름은 통상 이슬람력의 라마단 기간에 태어났기 때문에 그렇게 작명하는 것이 관례이다(이희수, 2007: 70).

이슬람교에서는 일상생활과 종교가 융합되어 있는 관계로 무슬림들은 1년 중 특정 시기에만 이슬람교를 따르는 것이 아니라 일상의 모든 곳에서 이슬람교의 가르침을 따라야 함이 특징적이다. 그래서 이슬람교에서는 샤리아(Sharia, 아랍어로서 '길'을 의미함, 무슬림이

좇아야 할 길, 알라에게 나아가는 길)를 평소 스스로 따르고 실천하는 것을 강조한다.

이와 관련하여, 이슬람의 교리인 오주(다섯 개의 기둥) 가운데 예배(salah, ṣalat)는 하루 다섯 번, 즉 새벽(파즈르, fajr), 낮(주흐르, johr), 오후(아스르, asr), 저녁(마그립, magrlb), 밤(이샤, isha)에 약 10분간 하게 되어 있다. 이 예배는 이슬람교 성원(모스크, Mosqe)과 같은 사원에서만 하게 되어 있는 것이 아니라, 일상생활을 하는 도중에 살라 시간이 되면 바로 예배할 수 있도록 다음의 [사진 8]과 같은 공공장소의 예배실을 비롯하여 사무실, 집 등에서도 할 수 있으나 손, 발을 씻고 단정한 옷차림으로 하게 되어 있다.

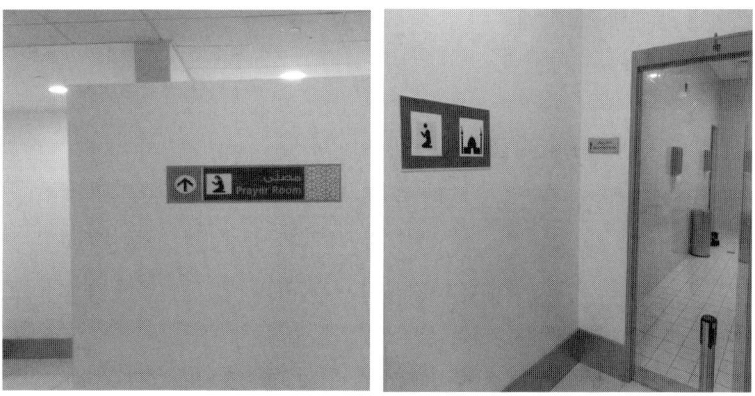

사진 8 **공공장소에 설치되어 있는 이슬람교 예배 장소**

하루에 다섯 번 하는 평상시 예배에 '라마단의 주요 일과'를 정리해보면 다음의 <표 2>와 같이 제시될 수 있다. <표 2>에서 볼 수 있듯이, 라마단의 주요 내용은 일출부터 일몰까지의 금식, 금연, 금욕 등의 공통점이 있으나 지역별 풍습도 있다. 예컨대, 이집트에서는 라마단의 일반적 풍습인 예배 성소 찾아가기, 사후르(Sahūr, 동이 트기

전에 하는 식사), 이프따르(Iftār, 해가 진 후 먹는 저녁식사) 외에 초롱(Fānūs) 달기, 특정 종류 음식 먹기 등을 한다(이명원, 2007: 285). 그리고 유목을 하는 중앙아시아 키르기즈 민족은 라마단 기간에 알라와 더불어 조상신에게 감사드리고, 라마단이 끝나자마자 '오로조 아이트(Orozo-Ait, 이슬람 명절로서 라마단이 끝나는 축제일)'를 통해 한 해 건강하게 살 수 있었음에 감사드리며 모든 일이 원활하게 잘되었음에 대하여 감사드린다(장준희, 2010: 19).

표 2 이슬람교의 일상 예배별 라마단의 주요 일과

이슬람교 일상 예배	시간*	라마단 관련 주요 일과	주요 내용
새벽(파즈르) 예배	일출 무렵	예배시간을 알리는 아잔(adān)이 들리는 순간부터 금식(물, 음식)	일몰까지 금식, 꾸란 정독, 절제, 금연, 금욕, 레스토랑 상점 시장이 낮에 문을 닫음
낮(주흐르) 예배	점심경	금식(물, 음식)을 지속, 직장근무자가 아닐 경우 성원 방문하여 예배	금식, 금연, 금욕 지속
오후(아스르) 예배	오후	금식(물, 음식)을 지속, 직장근무자가 아닐 경우 성원 방문하여 예배	금식, 금연, 금욕 지속
저녁(마그립) 예배	일몰 무렵	일몰 후 식사(물, 음식), 낮의 금식을 끝내는 부카 푸아사(Buka Puasa), 저녁식사인 이프따르(Iftār)	성원에 이프따르 음식 기부, 무료 이프따르를 제공하는 자선 행사, 상점 레스토랑 시장의 개점
밤(이샤) 예배	밤	성원 방문하여 예배	마음의 정화

* 예배시간이 일출시간 변화에 따라 매일 다름(한국이슬람교중앙회 자료 참고)

라마단 기간에는 위의 <표 2>와 같은 일상적 예배 외에 라마단 기간 중의 종교행사들이 부가된다. 앞에서 살펴본 내용을 중심으로 라마단 관련 주요 행사들을 시간 순서로 정리해보면 다음의 <표 3>과 같이 제시될 수 있다.

표 3 라마단 관련 이슬람교의 주요 의식의 일자별 절차

<table>
<tr><th>일자*</th><th>이슬람교 일상 예배**</th><th>라마단 관련 행사</th><th>주요 내용</th></tr>
<tr><td>샤반
15일</td><td rowspan="7">1일 5회,
10여 분 예배:
새벽(파즈르) 예배
낮(주흐르) 예배
오후(아스르) 예배
저녁(마그립) 예배
밤(이샤) 예배

집단(주마) 예배</td><td>샤비바랃</td><td>일출부터 일몰까지
금식,
꾸란 정독 및 예배</td></tr>
<tr><td>라마단
1일</td><td>라마단 시작</td><td>일출부터 일몰까지의
금식 시작일,
꾸란 정독 및 예배</td></tr>
<tr><td>라마단
17일</td><td>바드르 승전
기념</td><td>무함마드의
첫 전투 기념</td></tr>
<tr><td>라마단
27일</td><td>권능의 밤</td><td>무함마드가 꾸란의
첫 경구를
계시 받았음을 기념</td></tr>
<tr><td>라마단
29일</td><td>라마단 종료</td><td>일출부터 일몰까지의
금식 종료일,
꾸란 정독 및 예배</td></tr>
<tr><td>샤발
1일</td><td>이드
알피트르
시작</td><td>집단예배,
기부/나눔/자선,
축제, 선물교환</td></tr>
<tr><td>샤발
3일</td><td>이드
알피트르
종료</td><td>집단예배,
기부/나눔/자선,
축제, 선물교환</td></tr>
</table>

* 태음력인 이슬람력 일자임(달이 보이는 지역별 차이에 따라서 월의 시작일이 동일하지 않고 매년 같지도 않음)

** 예배시간이 일출시간 변화에 따라 매일 달라짐(한국이슬람교중앙회 자료 참고)

위에서 볼 수 있듯이, 라마단 전후에는 이슬람교의 일상 예배 외에 샤비바랃, 라마단 시작, 바드르 승전 기념, 권능의 밤, 라마단 종료, 이드 알피트르 시작, 이드 알피트르 종료 등의 행사가 순차적으로 열려서 라마단 분위기를 고조시키고 마무리도 이끌어나간다.

근대 철학

11장

유럽에서 약 10세기에 걸쳐 중세를 지배했던 그리스도교 철학은, 근대 초기의 르네상스(문예부흥) 시기에 이성철학이 정립되며 쇠퇴하였다. 중세 그리스도교의 사회적 한계를 탈피하기 위해, 근대 이성철학은 신의 권능을 대체하고자 모든 인간이 소유한 천부적인 이성을 강조함으로써, 인간의 존엄성과 자유 및 평등권의 이념적 기반을 제공하였고, 자연과학과 산업의 발전 및 민주주의의 확산을 가져오는 데 크게 공헌하였다. 그렇지만 인간의 이성을 획일적으로 강조하며 개개인의 개성과 주체성을 경시한 한계에 직면하여, 탈근대(포스트모더니즘)의 변화를 맞이하고 있다.

1 근대 철학의 출발: 경험론

중세의 세계관·자연관·인간관을 극복하고, 새로운 철학을 대두시키는 데 중요한 역할을 한 것은 자연과학의 발전이었다. 특히, 코페르니쿠스(Copernicus, 1473~1543)는 기존의 지구중심설을 뒤집고, 지구도 유성의 하나이며, 태양의 둘레를 돌고 있다는 학설을 주장함으로써 과학적 혁명을 일으켰다. 이러한 주장은 갈릴레이(Galileo Galilei, 1564~1642) 등의 지지를 받았다. 이들이 일으킨 과학적 혁명은 철학자들에게 각성을 일으켰고, 인간 개개인이 지니고 있는 이성과 현상의 실재에 대한 연구를 확산시켰다. 이러한 가운데, 철학의 관심은 진리를 어떻게 알게 되는가에 관련된 문제, 즉 인식론에 집중하게 되었다.

베이컨(Francis Bacon, 1561~1626)은 갈릴레이와 같은 시대에 살면서, 새로운 과학에 관심을 가지고 있었다. 특히, 과학자들이 사용한 관찰, 실험, 귀납법[1] 등에 대하여 철학적인 관심을 기울였고, 이로부터 학문 전체에 대한 개혁을 시도하였다. 이전의 전통적인 학문이 자연의 근본적인 문제들을 체계적으로 탐구하기보다는, 피상적인 종교적 접근이나 불합리한 논리에 입각함으로써 학문이 실패하였다고 보았다. 이에 대한 치유책으로서, 베이컨은 구체적인 현상들을 중심으로 일반적 규칙이나 진리를 탐구해내는 귀납적 방법을 제안하였다. 그가 『신기관(*Novum Organum*)』(1620)을 저술한 것은, 이러한 견해를 제시하기 위한 하나의 체계적인 시도였다.[2] 이 책에서 베이컨은, 인간

1) 귀납법은 지식의 근원이 경험에 있다고 보며, 구체적인 경험들에 대한 관찰과 실험에 의해서 일반적인 원리나 공식을 발견하고자 하는 방법이다.

2) 백승현(2003). 17세기 지식혁명과 근대 정치학의 인식론적 변환의 토대: 베이컨과 데카르트를 중심으로. 『시민정치학회보』, 제6권, 8쪽.

이 자연을 이용하고 해석하는 자이므로, 자연 질서의 관찰이 허용하는 한도 내에서만 행위하고 이해한다고 보았다. 그리고 그 이상은 알지도 못하고 알 수도 없다고 하면서, 관찰의 중요성을 다음과 같이 강조하였다:

> 인간은 자연의 사용자 및 자연의 해석자로서 자연의 질서에 대해 실제로 관찰하고, 고찰한 것만큼 무엇인가를 할 수 있으며 이해할 수 있다. 그 이상의 것은 알 수도 없고, 할 수도 없다... 인간의 지식이 곧 인간의 힘이다. 원인을 밝히지 못하면 어떤 효과도 낼 수 없다. 자연은 오로지 복종함으로써만 복종시킬 수 있기 때문이다.[3)]

이에 따르면, 학문을 하는 목적은 인간이 자연을 정복할 수 있도록 하기 위한 것이다. 자연에 대한 지배 내지 정복은 자연을 관찰함으로써 자연에 대한 참된 지식을 획득하게 되고, 이를 통하여 정복이 이루어진다고 생각했기 때문에, 베이컨은 관찰의 중요성을 강조하였다. 지식은 자연을 지배할 수 있는 힘이 되기 때문이다. 이 힘을 얻기 위해서, 더욱 확실하고 견고한 귀납적 방법을 사용해야 한다고 다음과 같이 보았다:

> 진리를 탐구하고 발견하는 데에는 두 가지 방법이 있으며, 이 두 가지 방법밖에 없다. 하나는 감각과 개별자에서 출발하여 일반적인 명제에 도달한 다음, 그것을 제1원리로 혹은 논쟁의 여지가 없는 진리로 삼고 중간 수준의 공리를 이끌어 내거나 발견하는 것이다. 현재 널리 사용하고 있는 방법이다. 다른 하나는 감각과

3) 진석용 역(2001). 프랜시스 베이컨 지음. 『신기관: 자연의 해석과 인간의 자연 지배에 관한 잠언』. 서울: 한길사, 39쪽.

개별자에서 출발하여 지속적으로, 그리고 점진적으로 상승한 다음, 궁극적으로 가장 일반적인 명제에까지 도달하는 방법이다. 지금까지 시도된 바 없지만, 이것이야말로 진정한 방법이다.[4)]

위의 글에서 말한 첫 번째 방법은, 연역적인 방법을 말한다. 고대 그리스 시대에 아리스토텔레스가 연역적 논리학을 사용하였고, 이후 이 방법을 많이 사용해 왔다. 이 연역적 방법은 새로운 지식을 얻는 데는 도움이 되지 않았다. 기존의 일반적인 지식을 중심으로 하여 논리를 전개하기 때문이다. 연역적인 방법에서는 대전제가 되는 일반적인 원리에 의문을 제기하면, 그냥 그렇게 믿으면 된다는 대답만 해왔을 뿐이다. 그래서 베이컨은 중간 수준의 공리를 얻을 수 있는 두 번째의 방법인 귀납법을 강조한 것이다.

또한, 이전의 모든 이론이나 논쟁은 망각되어야 한다고 하면서 지성의 정화를 주장하였다. 이를 위해 편견과 선입견을 씻어내야 하며, 정신의 우상(idols)을 타파해야 한다고 하였다. 베이컨이 제시하는 우상들은 오류의 원천이며, 참된 인식과 지식을 방해하는 것들이다.[5)] 베이컨은 다음과 같은 네 가지 우상을 언급하였다:

첫째는, 종족의 우상이다. 인간성 자체에, 인간이라는 종족 그 자체에 뿌리박고 있는 편견이다. 이것은 인간 모두에 해당하는 것으로서, 인간의 오성은 독특한 성질 때문에 자칫하면 사물의 질서나 규칙성을 사실 이상으로 과장할 수 있다. 예를 들면, 천체는 완전한 원을 그리며 움직인다고 가정하는 식이다. 인간은 자신의 의지에 따라 문제를 결정하고, 그 다음에 비로소 경험에 호소한다. 경험을 자기 이론에

---

4) 위의 책, 43쪽.

5) 위의 책, 48-51쪽; 황문수 역(1993). 윌 듀란트 저. 『철학 이야기: 위대한 철학자의 생애와 사상』. 서울: 문예출판사, 131-134쪽 참조.

맞도록 왜곡한 다음에, 개선 행렬 속에 끼어 있는 포로처럼 끌고 다닌다. 인간에게는 자신이 바라고 있는 것을 즐겨 믿는 경향이 있다는 것이다. 그러므로 오성을 공평하고 밝게 하는 데 주의를 기울여야 한다고 주장하였다.

둘째는, 동굴의 우상이다. 이것은 개인별로 갖고 있는 우상이다. 개인이 갖는 특수성으로 인해 생기는 오류를 말한다. 자연의 빛을 굴절시키고, 변색시키는 동굴을 각자 가지고 있다는 식이다. 이것은 교육, 기분, 심신의 조건에 의해 형성된 성격에 의해 나온다. 그러므로 공정한 중용을 유지하는 것이 중요하다고 주장하였다.

셋째는, 인간 간 교류와 접촉으로부터 생기는 시장의 우상이다. 인간은 언어에 의해 의사소통하지만, 언어는 군중의 머리에서 나오는 것이므로 불완전하다는 것이다. 그러므로 원인이 없는 제1원인이란 것은 있을 수 없다는 것을 알아야 한다고 주장하였다.

넷째는, 극장의 우상이다. 이것은 철학의 다양한 학설과 그릇된 증명방법 때문에 생기는 우상이다. 플라톤이 묘사한 세계는 플라톤이 생각해 낸 세계에 지나지 않는다는 것이다. 기존의 철학 체계는 무대 연극에 불과하며, 사실과 관계없이 작가 자신들의 창작세계에 해당하는 것들이라고 주장하였다.

위와 같은 우상들이 있는 한, 우리는 진리에 대한 인식을 제대로 하지 못할 것이라고 베이컨은 주장하였다. 그러므로 새로운 사고방식과 도구가 필요하다고 생각하였다. 그것은 바로 관찰을 강조하는 귀납법이었다. 베이컨은, 귀납법만 사용하면 저절로 자연의 진리가 발견되는 것은 아니기 때문에, 우상들을 제거하는 작업이 무엇보다 요청된다고 하였다. 베이컨은 죽기 직전까지도 자신의 주장을 연구하다 죽음을 맞이하였다. 그는 죽기 직전에 고기를 눈으로 덮어 두면 얼마 동안

썩지 않을 것인가에 대한 실험을 하였다. 그래서 닭을 사서 죽인 다음에 닭의 뱃속에 눈을 채워 넣었다. 베이컨은 추운 날씨에 밖에서 실험하는 동안 병이 들어 결국 죽음을 맞이하였으나, 그의 실험은 성공적이었다.

위와 같은 베이컨의 사유는 로크(John Locke, 1632~1704), 버클리(George Berkeley, 1685~1753), 흄(David Hume, 1711~1776) 등에 영향을 주어 영국의 경험론 철학을 형성하였다. 이들은 근대적 의미를 지닌 새로운 자연관을 만들어냈다. 이들의 철학은 자연과학에 기본을 두고, 지식은 경험에 의해 도출되며, 경험에 의해 제한을 받고 있다고 보았다. 또한 인간의 이성 내지 인간의 정신이 우주의 본질을 발견할 수 있는가에 대하여 의문을 제기하였다. 인간이 관념을 가지는 것은 감각이나 지각과 같은 것이라고 보았다. 지식의 문제는 관념의 문제이며, 외부 대상에 대한 지식을 가지는 것은 그 대상을 표상해 주는 관념을 가지는 것으로 보았다.[6)]

여기에서 영국 경험론의 중요한 문제가 부각된다. 즉, 경험과 사물을 분리해서 볼 것인가 하는 문제이다. 로크는 경험은 한 사람의 마음속에 들어 있는 것이므로 주관적인 것이고, 자연 사물은 마음과 상관없이 존재하는 것이므로 객관적이라는 입장을 취하였다. 버클리와 흄은 이러한 로크의 견해를 반박하여, 경험론을 주관주의로부터 자연주의적 경험론으로 발전시켰다. 세계를 기계적으로 보거나 신학적으로 보는 것이 아니라, 우리 주위에서 발견되는 세계에 대해 편견없이 바라보고자 하였던 것이다. 개인과 사회에 대한 인식도 과학적 방법을 통해서 하고자 하였으며, 인간의 존엄성과 자유, 평등, 공리주

6) 김효명(2000). 영국경험론에서 관념의 문제. 서울대학교 철학사상연구소. 『철학사상』, 제15집, 193쪽.

의적 시각을 제시하였다. 특히, 개인의 자유, 개인의 인격, 개인의 자율성과 자발성 등에 대한 새로운 자각을 일으켰다. 이것은 스콜라철학으로부터 탈피하여 개인의 정신적 독립을 의미하였고, 교조화된 그리스도교 교리로부터의 탈출, 그리고 낡은 정치제도로부터의 정치적 해방을 의미하는 것이었다.[7] 이러한 철학은 근대 시민혁명의 사상적 기반이 되었다.

2 근대 이성철학의 토대: 대륙의 합리론

경험론과 대비되는 철학이 프랑스를 중심으로 합리론으로 전개되었다. 합리론은 우연적, 감각적인 것을 배제하고 이성적, 논리적인 것을 추구하는 이론이다. 특히, 이성 중심 철학을 말하였는데, 데카르트(Rene Descartes, 1596~1650), 스피노자(Baruch Spinoza, 1632~1677),[8] 라이프니츠(Gottfried Wilhelm Leibniz, 1646~1716)[9] 등이 대표적이고 데카르트에서 출발하였다. 데카르트는 자연과학의 영향을 받고, 수학의 정확성에 경도되어, 연역 가능한 진리를 이성적으로 파악하고자 하였다. 객관적이고 확실한 지식을 추구한 것이다. 데카르트는 진리의 객관적인 확실성을 얻기 위해 『방법서설(*Discourse on Method*, 1637)』에서 모든 학문에 대하여 의심하였다. 그리고 의심 가능

---

7) 김효명(2001). 『영국의 경험론』. 서울: 아카넷, 279쪽.

8) 스피노자는 데카르트의 이성론과 방법론 등의 영향을 받았지만, 데카르트와는 다른 개념을 제시하였다. 그는 신을 전 우주와 동일시하여 신이 자연이라 하였으며, 인간을 자연의 내재적인 일부분으로 보았다.

9) 라이프니츠는 데카르트와 스피노자를 모두 벗어나고자 하였다. 이성적 진리[논리에 의해 인식]와 사실적 진리[경험에 의해 인식]를 구별하였다.

성이 있는 모든 명제들을 버리고 회의에 빠진 결과, '코기토'('나는 생각한다.')를 발견하였다. 데카르트는 이것을 유일하고 확실한 것으로 받아들여, 모든 탐구의 초석으로 삼았다.[10] 『방법서설』과 『철학원리(*Principles of Philosophy*, 1644)』에서 철학의 제1원리로 '코기토'를 다음과 같이 말하였다:

> 그렇지만 나는 즉시 깨달았다. 모든 것은 진실이 아니라고 생각하고 있는 사이에도 필연적으로 무엇인가가 아니면 안 된다는 것을. 그리하여 "생각한다. 고로 나는 존재한다."라는 진리는 너무나 굳고 확실하여, 모든 가장 강력한 회의적 가설마저도 그것을 흔들어 놓을 수 없음을 보았다. 나는 이 진리를 내가 구하고 있었던 철학의 제1원리로 받아들이기로 판단하였다.[11]

데카르트에 의하면, 자아(나)는 사유(생각)에 의해서만 자신의 실체적 존재를 확신할 수 있다. 지각이나 구상력은 참되고 확실한 지식을 줄 수 없고, 오성적 사유만이 진리를 파악하는 유일한 능력이다.[12] 자아에 관한 지식은 다른 존재에 관한 모든 지식의 체계가 그 위에 확고하게 세워져야 할 필수적 기반인 것이다.[13] 그 기반은 오성에 의해 이루어진다. 『성찰(1641)』에서는 생각하는 것 자체가 이성이라는 점을 다음과 같이 밝히고 있다:

---

10) 김준열(2005). 데카르트의 객관적 확실성에 관한 논구. 서울대학교 철학과. 『철학논구』, 제33집, 33쪽.

11) 권오석 역(2007). 데카르트 지음. 『방법서설(성찰·세계론)』. 서울: 홍신문화사, 37쪽.

12) 김정주(1999). 데카르트와 칸트의 'Cogito'. 한국칸트학회. 『칸트연구』, 제4집, 142쪽.

13) 김태길·윤명로·최명관 역. 앞의 책, 310쪽.

지금 내가 인정하는 것은 필연적으로 진실인 사항뿐이다. 그러므로 엄밀한 의미에서 나라는 존재는 단지 생각하는 것 이외의 아무것도 아닌 것이 된다. 바꾸어 말하면, 하나의 정신, 하나의 오성, 하나의 이성인 것이다. 이것들은 모두 지금까지 그 의미가 나에게는 알려지지 않았던 말이다. 그런데 나는 진실인 것, 참으로 존재하는 것이다. 그러나 어떠한 것일까. 나는 말했다. 생각하는 것이라고.[14)]

위와 같이, 자아에 관한 지식은 인간 스스로를 주체로 이해하게 하였다. 훗날, 그리스도교를 철학에서 배제한 독일 철학자 하이데거(Martin Heidegger, 1889~1976)에 의하면, 데카르트가 인간을 주체로 해석한 것은 인간과 존재의 관계를 보는 눈을 근본적으로 바꾸어 놓았다고 한다.[15)] 데카르트는 자아를 세계와 분리함으로써 자신의 존재를 확인하였다. 이를 통하여, 신체와 외부 사물은 자아의 구성 요소에서 제외되었다. 여기에서 주객의 분리가 일어난다. 그리고 경험적 관점에서, 다시 신체적 존재를 확인하고, 자아의 유한성을 인정하게 된다.[16)] 이러한 주객의 분리 문제는 칸트(Immanuel Kant, 1724~1804)[17)]와 독일 관념론 철학의 숙제로 남겨지게 되지만, 이로부터 신의 존재에

---

14) 권오석 역. 앞의 책, 109쪽.

15) 강영안(1991). 데카르트의 코기토와 현대성. 철학연구회. 『철학연구』, 29집, 7쪽.

16) 위의 논문, 27쪽.

17) 칸트는 80세에 세상을 떠났는데, 그의 묘비명에는 "내 위의 별이 빛나는 하늘과 내 안의 도덕법칙"이라는 글귀가 새겨져 있다. 이 구절은 『실천이성비판』의 맺음말에 나오는 말이다. 칸트의 철학은 『순수이성비판』, 『실천이성비판』, 『판단력비판』 등을 통해 볼 수 있다. 칸트에게서도 인간은 이성적 존재자이다. 인간의 이성에는 인식작용, 도덕행위, 합목적적 판단을 할 수 있는 능력이 있다고 생각하였다(백종현 역, 2002: 377-378쪽 참조). 이 능력으로 인해 인간은 존엄하고 존엄성을 지킬 수 있다는 것이다. 이를 위해 모든 경험에서 독립된 선천적(a priori) 이성에 의해 도출되는, 조건 없는 정언적 도덕법칙을 제시하였다(이충진 역, 1999: 95-126쪽 참조).

대한 증명도 이루어졌다. 데카르트는 이를 『철학의 원리』에서 다음과 같이 제시하였다:

> 진리를 추구하는 자는 살아가는 동안 한 번은 가능한 한 모든 것에 관하여 의심해 보아야 한다. 더욱이 의심스러운 것들을 틀린 것으로 간주해야 한다. 그러나 이런 의심을 일상적인 삶에 적용시켜서는 안 된다... 우리는 의심스러운 것들에 대해 동의하지 않을 수 있는 자유의지를, 따라서 오류를 피할 수 있는 자유의지를 가지고 있다. 우리는 우리가 의심하는 동안에 우리가 존재한다는 사실에 대해 의심할 수가 없다. 이로부터 영혼과 육체 혹은 사유하는 것과 물질적인 것 사이의 차이가 인식된다... 우리가 가지고 있는 신의 관념 속에 필연적인 존재가 포함되어 있다는 사실로부터 신이 존재한다는 사실이 올바르게 귀결된다.[18)]

위와 같이, 데카르트가 말한 인간 존재의 근거는 그리스도교에서 말하는 신이 아니라 인간 자신이었다. 데카르트는 신의 존재조차도 '나' 자신의 존재로부터 증명하고자 했다. 다시 말해서, 데카르트는 고대 그리스적인 인간중심주의에서 말했던 인간 존재를 소중하게 본 것이 아니라, 인간의 인식 작용(생각)에 주목하였다. 인간이기에 고귀하다기보다는, 인간 누구나 이성을 천부적으로 갖고 태어났기에 소중한 것이며, 이 소중함을 어느 누구도 침범할 수 없다는 것이었다. 또한 이성을 통하여 다른 모든 사물에 관한 지식을 탐구할 수 있다고 본 것은, 근대 이성철학의 대표적인 주장이라고 평가를 받고 있다. 이 같은 이성철학에서 중시한 인간 이성에 근거하여 근대 정치와 사회의 민주 발전이 촉진되었다. 또한 이성의 합리성과 인간의 주체성이 강조되며, 자연과 사회 현상을 객체로 파악하려는 계량화와 실증적 과학주

---

18) 원석영 역(2002). 데카르트 지음. 『철학의 원리』. 서울: 아카넷, 9-17쪽.

의가 발전하였다.

따라서 산업혁명 이후 오늘날 인간이 누리고 있는 경제 발전과 물질적 풍요는 물론이거니와, 학계의 과학 발전과 실증주의적 연구동향을 비롯하여, 정치 측면에서 시민의 자유권과 평등의식 역시 근대 이성철학을 바탕으로 발전한 결과이다.

3 근대 이성철학의 한계

데카르트의 "나는 생각한다. 고로, 나는 존재한다(Cogito ergo sum)"라는 명제의 특징은 인간을 생각하는 주체로 강조한 점에서 찾을 수 있다. 인간은 주체적으로 사유할 수 있기에 소중한 존재라는 주장이다. 이 명제는 인간 존엄성의 근거를 이성에 두고, 중세 그리스도교에서 말했던 신의 권능과 위치를 인간으로 옮겨오겠다는 선언이었으며, 그 내용상 인간 사유와 존재의 일치, 인간의 의식과 주체성을 동시에 강조한 것이었다.

데카르트의 위와 같은 인간 이성의 존엄성과 의식의 주체성은 근대 사회의 발전에 크게 기여하였으나, 다른 한편으로는 많은 의심과 학문적 도전을 받았다. 예를 들면, 심리학자 프로이트(Sigmund Freud, 1856~1939)의 무의식 개념에 바탕을 둔 정신분석이론에 의해서 도전을 받았다. 프로이트가 제기한 무의식은, 근대 이성철학의 토대인 인간의 이성을 지배하는 영역으로서, 시간이 흐를수록 학술적으로 큰 공감을 받아 왔다.

또한, 무의식 개념을 발전시킨 라캉(Jacques Lacan, 1901~1981)은 데카르트가 주장한 사유와 존재의 일치를 부정하는 이론을 더욱 발전시켰다. 라캉은 무의식이 언어를 통하여 드러난다고 보며, 그래서 무의식은 언어처럼 구조화되어 있고, 언어가 무의식의 조건이라고 주장하였다. 이와 같은 라캉의 주장은, 결국 무의식적 언어와 인간 의식은 별개의 다른 영역임을 제기한 것으로서 인간 사유와 존재의 불일치를 실증적으로 지적한 것이다. 라캉의 주장에 의하면, 데카르트의 "나는 생각한다. 고로, 나는 존재한다(Cogito ergo sum)."는 거짓 명제로 몰릴 수 있다.

한편, 하이데거(Martin Heidegger, 1889~1976)는 존재 문제를 논증한 『존재와 시간』(*Interpretationen zu Sein und Zeit: Subjekt und Dasein*)을 1927년에 발표하는 것을 시작으로 하여, 서구 중세철학을 전반적으로 거부하였다. 그리스도교의 존재론을 받아들이면, 그리스도교 창조설을 철학 안으로 받아들여야 하기 때문에, 그리스도교를 수용할 수 없다는 주장이었다. 하이데거에 의하면, '존재(Sein)'와 '존재자(Seiende)' 사이에는 존재론적 차이가 있지만, '존재'는 어디까지나 '존재자'의 '존재'이고, 존재자의 실유는 존재의 빛 이전에 그것과 무관하게 저절로 주어져 있는 것이 아니며, 신적인 창조를 통해서 주어져 있는 것도 아니고, 인간적인 절차로 증명될 수 있는 것도 아니라는 것이다. 그래서 하이데거에 의하면, 존재자는 그리스도교 철학에서 말하는 것처럼, 하나의 정해진 본질을 갖고서 언제나 동일한 본질을 구현하기 위해서 동일한 존재 양태로 실유하는 것은 결코 아니다.

하이데거는 위와 같이 중세 그리스도교를 비판한 관점을 갖고서, 근대 이성철학의 문제점도 철저히 반박하였다. 이와 같이 근대 철학의 특징인 이성중심, 과학중심, 인간의 도구화, 기계론적 관점 등에 대한 비판이 다양하게 제기되면서, '탈근대 철학'이라는 포스트모더니즘(postmodernism) 동향이 일어나게 되었다.

현대 철학

12장

중세 철학의 굴레를 탈피하고 인간의 존엄성을 회복하고자, 근대 철학은 인간의 이성을 크게 강조하였다. 그러나 이러한 근대적 믿음은 시간이 흐를수록 흐려져 갔다. 인간에게는 이성적인 부분도 있지만, 그렇지 않은 부분도 많기 때문이다. 인간 이성에 대한 신뢰가 국제적으로 문제시된 것은 제1, 2차 세계대전을 거치면서였다. 인간 이성의 한계로부터 비롯된 인류의 위기에 직면하여, 이성에 대한 회의가 실존주의로써 크게 일어났다. 또한 이성을 토대로 구축된 근대 철학으로는 더 이상 세계의 미래를 기약할 수 없다는 각성이 다양한 양상으로 출현하였다. 포스트모더니즘은 이러한 이성의 획일성과 절대성을 해체하는 것을 통해서, 인간 개개인의 개성과 주체성을 회복하려는 동향을 나타내고 있다.

1 포스트모더니즘의 대두: 다양성 강조

서구 근대철학(모더니즘)에서는 인간의 이성을 지나치게 강조하였다. 이 때문에, 이원론적인 구분과 이항 대립적인 담론을 널리 확산시켰다. 예를 들면, 주체와 객체, 이성과 비이성, 합리와 비합리, 형상과 본질, 정신과 물질, 참과 거짓, 남성과 여성, 같음과 다름, 중심과 주변같이 이원론적으로 세상을 구분하고, 이 대립하는 두 가지 항목 가운데 어느 하나에 중심을 두고 논의를 전개하며, 절대성 또는 상대성을 부각시켰다.

그렇지만 19세기 후반부터 전개된 탈근대주의(postmodernism) 철학에서는, 위와 같은 이원론의 확산 속에서 소외된 인간 개개인과 개별 현상에 주목하며 다양성을 강조하기 시작하였다. 포스트모더니즘은 포스트(post)와 모더니즘(modernism)이라는 용어의 합성어이다. 단어 의미로 본다면, 포스트모더니즘은 서구의 사회 변화에 있어서 '맨 마지막에 있는 근대 철학', '근대 철학의 다음에 나온 철학', 혹은 '근대 철학으로부터 벗어난 탈근대 철학' 등의 다양한 의미로 해석될 수 있다. 서구 탈근대론자[포스트모던 철학자]들은 16세기 이후 싹튼 근대 철학(모더니즘)에 의해서 발전해 온 과학 문명과 물질적 풍요 속에서, 인간 개개인이 안식할 수 있는 입지가 줄어듦을 인식하여 인간의 존재 기반을 확보하려고 노력해 왔다.

이러한 탈근대 동향이 한국에서도 1980년대 후반부터 일어났으나, 그 배경은 서구와 매우 다르다. 우리 사회는 서구와 같은 수준의 수세기에 걸친 근대 철학의 정착 과정과 문화적 토대가 없기 때문이다. 한국은 광복 이후 미국에서 모더니즘을 급속히 수입한 후, 아직도 섣부르게 답습하고 있으며, 이와 동시에 유구한 역사를 지닌 전통도 실생활에서 따르고 있고, 여기에 탈근대 철학이 수입되어 뒤섞여 있는 상태이다.

2 포스트모더니즘의 특징: 해체

탈근대(포스트모던: postmodern)는 근대성에 대한 '근본적 회의' 외에는 접점이 없다고 하여도 지나친 말이 아닐 것이다. 그 흐름이 매우 다양하고, 심지어 서로 상반된 주장을 펴는 세력들이 한 배를 타고 있다. 그럼에도 불구하고, 많은 탈근대론자들이 공유하는 속성을 일부 탈근대론자들을 희생시켜 가며 기술해 보면, 탈근대(포스트모던)란 현재를 주도해 나가는 절대성과 획일성에 비판적인 의식을 갖고 있으며, 이로부터 전체를 구성하는 각각의 요소에 독자성과 존엄성을 부여해 주고자 하는 것이라고 볼 수 있다.

이들 탈근대론자에 대한 평가는 매우 다양하다. 즉, 낙관적·비관적·허무적·퇴폐적·인간중심적·반이성적 등과 같이 상이하다. 그럼에도 불구하고 탈근대주의자들은 모종의 공통분모를 가지고 있다. 그들은 현실에 대한 냉엄한 통찰과 비판을 토대로 불확실하고 급변하는 미래에 대한 확고한 전망을 확립하고자 하는 사회 제반 분야의 다양한 세력을 지칭한다. 탈근대론자들이 수용하기를 거부하는 근대의 특징은 다음과 같다.

첫째, 근대철학의 핵심인 '인간 이성의 절대성'을 부인한다. 근대 철학자들은 인간의 이성인 로고스(Logos)는 성경의 말씀과 같은 것으로서 언제나 진리이며 참이고 정당하다는 데카르트 식의 주장을 지지하였지만, 탈근대론자들은 제1차, 제2차 세계대전에서 나타난 인간의 각종 만행에서 드러났듯이 이성은 결코 절대적이지 못하다고 주장한다.

둘째, 근대철학의 핵심인 '재현 불가능성'을 부인한다. 예를 들면, 근대철학자들은 각각의 예술 작품에는 그 작품에 한정된 숭고한 미가 있기에, 어느 한 작품에 한정된 예술적 아름다움은 결코 재현될 수 없다고 주장했지만, 탈근대론자들은 인간 개개인이 지니고 있는 상상을 통하여 재현은 무한히 가능하다고 주장한다.

셋째, 근대철학의 핵심인 '복제 불가능성'을 부인한다. 예컨대, 근대철학에서는 각각의 예술 작품은 복제가 불가능하기에 유일무이한 가치를 지니고 있다는 주장을 했지만, 탈근대론자들은 비디오에서 볼 수 있는 것처럼 복제가 무한히 가능하다고 주장한다. 이상의 논의를 토대로 탈근대 개념의 특징을 근대와 항목별로 비교해 보면 다음의 <표 4>와 같이 제시될 수 있다.

표 4 근대와 탈근대 개념 관련 항목별 특성

구 분	근대(modernism)	탈근대(postmodernism)
인식주체[사람]	완전성[심신이원론]	불완전성[심신일원론]
인식대상[세계]	수동성[기계론적 세계관]	능동성[유기체론적 세계관]
주체-대상의 관계	홀로 주체성	상호 주체성
지식의 본질	명료성[확실성]	모호성[불확실성]
	객관성[획일성]	주관성[다양성]
	절대성[불변성]	상대성[가변성]
	보편성	특수성

탈근대론자들은 근대의 허구를 드러내고, 그것을 타파하기 위한 수단으로 '해체(deconstruction)'를 강조한다. 해체란 근대의 허구와 불

합리한 실체를 드러내 보이고, 그것을 탈근대적으로 재구성하는 기초적이며 유효한 수단이다. 이와 관련하여, 데리다(Jacques Derrida, 1930~2004)는 1967년에 『글쓰기와 차이』, 『목소리와 현상』, 『문자학에 관하여』라는 세 저작을 출간하는 것을 시작으로 근대철학을 체계적으로 비판하며 해체가 담론(discourse)이나 텍스트(text) 속에 숨겨져 있는 허구를 드러내 보이는 작업이라고 하였다. 그는 인간 사유가 담론이나 텍스트와 상응하지 못한다고 보았으며, 그래서 텍스트를 해독한다는 것은 유화 속에 숨어 있는 그림을 발견하기 위하여 X선을 투사하는 것과 유사하다고 보았다. 해체는 텍스트가 감추고 있는 어떤 구조를 드러내는 것이라는 주장이다. 데리다는 텍스트 안에 이분법적 대립이 각인되어 있음을 드러내는 방법으로서, 근대의 이원론적 접근, 즉 주체와 객체, 이성과 비이성, 합리와 비합리, 형상과 본질, 참과 거짓, 남성과 여성, 중심과 주변 등을 탈피하기 위하여 해체에 의한 독해를 주장하였다.

사진 9 미(美)의 상징인 '모나리자'[1)]

데리다의 해체 방법을 적용하면, 어떤 의미도 하나로 고정될 수가 없다. 해석은 무한하고, 의미는 결정 불가능한 것이 된다. 이처럼

1) 미(美)의 상징인 레오나르도 다빈치의 '모나리자'[Mona Lisa, 이탈리아어로 '라 조콘다'(La Gioconda)]는 53×77센티의 작은 크기의 1500-1510년경 작품임.

결정 불가능한 예로서, 데리다는 '파르마콘(pharmakon)'을 제시하였는데, 이 낱말은 '독(poison)'이라는 뜻과 '치료(cure)'라는 상반된 뜻을 동시에 지니고 있다.

한국이 낳은 세계적인 비디오 아티스트인 백남준이 1959년에 "존 케이지에게 바침(Homage a John Cage)"이라는 제목의 퍼포먼스에서 도끼로 피아노를 부수는 파격적 연출을 벌인 것은 포스트모던의 해체를 연출했다고 볼 수 있다. 또한 같은 제목으로 2004년 10월에 미국에 있는 스튜디오에서 휠체어를 타고 벌인 피아노 퍼포먼스에서, 조카가 악보를 찢어 먹고, 피아노를 부수며 20분간 공연을 한 것 역시 해체를 연출한 것이라고 볼 수 있다.

3 포스트모더니즘 주요 철학자

포스트모던 철학은 동향이 매우 다양하고, 그 철학자들 역시 일일이 거론하기 힘들 정도로 많다. 그래서 푸코와 보드리야르를 중심으로, 포스트모던 철학의 근대성 해체 논리를 예시해 보면 다음과 같다.

1) 푸코

푸코(Michel Foucault, 1926~1984)는 프랑스 포스트모던 철학자로서, '권력'(pouvoir) 개념을 사용하여 마르크스주의를 변형시킨 신좌익주의자이고, 20세기 말을 대표하는 니체적 허무주의자로 알려져 있다. 그는 프랑스 철학에 기반을 두고 추상적 사변이 아니라, 과학적 기초, 사회적 실천과 예술성을 복합적으로 활용하여 이론을 전개시

켰음이 특징적이다. 구체적으로, 푸코의 사유는 프랑스의 현대인식론(바슐라르와 캉길렘 등), 20세기 중엽 프랑스에 있어서 '인간과학'의 전반적 상황인 구조주의(레비스트로쓰), 생물학·의학·언어학·정치경제학 등의 과학사 연구, 현대문학(블랑쇼, 바타유 등)의 기초 위에서 전개되었으며, 말년에는 고대 그리스 철학에 많은 관심을 나타내었다.

푸코는 말의 최소 단위인 언표(enonces)와 언표의 결합인 언설(discours)을 분석하여, 우리의 사유와 언어가 결코 상응하지 않고 있음을 다음과 같이 설명하였다고 요약해 볼 수 있다:

<말하는 주체의 사유> → <언설의 질서/공간> →
<가시적인 언어화> ← <언설의 질서/공간> ← <듣는 주체의 사유>

푸코에 의하면, 언표란 분해가 불가능한, 그 자체로서 고립될 수 있는, 그리고 그와 유사한 다른 요소와 관계 맺어질 수 있는 언설의 기본 단위로서 언설의 원자 상태이고, 언설이란 언어적인 수행들의 어떤 집합을 말하는 것이다. 예를 들면, 식물학에서 종의 분류표는 언표들로 이루어져 있으며, 일상생활에서 하나의 '담화행위'를 하기 위해서는 하나 이상의 언표가 필요하다.

이런 관점에서 볼 때, 위의 도식에서 알 수 있는 것처럼, 인간의 사유와 언어는 결코 상응하지 않는다. 인간의 사유가 언어화될 때 또는 언어가 우리로 하여금 사유하게 할 때, 가시적인 언어와 말하는 주체 사이에는 보이지 않는 '언설의 질서(L'ordre du discours)'가 존재하며, 이 질서에 따를 경우에만 언설의 질서 공간에 자리를 잡음으로써 의미를 담지할 수 있게 된다는 것이다.

이런 논리를 확산시켜, 푸코는 성(性), 죄(罪), 감옥, 권력(pouvoir) 등을 해체하는 작업을 하였다. 그 결과로서, 푸코는 기존에 팽배해 있는 역사적 사유를 '총체화된 시간의 이해'로 평가하였다. '역사 분석을 통하여 연속에 대한 언설을 이끌어내는 것'과 '인간의 의식으로부터 모든 생성과 실천의 시원적인 주체를 이끌어 내는 것'은 동일한 하나의 체계가 가지는 두 얼굴이라고 보았다. 이같이 탈중심화(脫中心化)를 추구한 푸코는 '주체의 절대성을 인간중심주의(휴머니즘)의 연속선에서 구하는 것'과 '마르크스의 생산관계·계급 등에 대한 획일적인 분석'에 동의하지 않았다.

오히려 푸코는 모든 역사와 사회를 하나의 형태로 집약시키는 총체화된 철학과 세계관의 한계를 밝히고자 노력하였다. 그래서 푸코는 언표의 논리가 역사에 있어서 사건의 단일성을 복구시켜 준다고 보았다. 언표에 의한 불연속은 역사의 지질학 내에 단층을 형성하는 우발적인 사건이 아니라, 언표라는 사실 속에 이미 역사가 존재한다는 것을 보여줄 수 있도록 해 주어야 한다는 주장이었다.

그래서 푸코의 저작에서는 국가와 같은 거대 개념에 대한 가정을 유보하고, 탈중심화를 추구하였다. 국가가 권력의 궤적(軌跡) 혹은 일차적인 작용자라고 보지 않은 것이다. 그러하기에 푸코는 마르크스와 다르게, 권력관계를 국가, 계급투쟁, 생산관계 그리고 자본착취의 관점에서 거시적으로 개념 짓는 것은 실효가 부족하다고 믿었다. 심지어 푸코는 봉건군주제 아래에서 '죄'의 개념은 신성모독과 완전히 구분되지 않았으며, 죄의 처벌은 위반자를 교정하기 위한 것이 아니라, 무너진 신성함을 회복하기 위한 일종의 의식으로 생각하였으며, 이처럼 봉건사회에서의 권력은 우연적이며 애매한 것으로 간주하였다.

따라서 푸코는 논증을 전개하는 데 있어서, 어떤 개념을 미리 정의해 놓지 않고 시대 상황과 구체적 현실 속에서 사건을 조준하는 점이 특징적이다. 푸코의 저작인 『앎의 의지』, 『쾌락의 활용』, 『자기에의 배려』, 『지식의 고고학』,[2] 『구조주의와 해석학을 넘어서』는 모두 공통적으로 이러한 논리 전개상 특징을 보여주고 있다.

위와 같은 푸코의 특징은 결과보다 과정의 중요성을 강조한 것이다. 이를 푸코의 권력 분석으로 설명해 보면, "누가 권력을 잡고 있는가?" 혹은 "권력자가 어떤 의도, 어떤 목표를 가지고 있는가?"와 같은 문제보다는, 권력의 과정에 주목해야 한다는 것이다. 그래서 그는 권력의 원천을 어떤 구조나 혹은 중심과 정점에 있는 제도에 두는 분석을 거부하였다. 이 점에서 푸코는 권력을 지배계급과 종속계급 사이의 투쟁으로 보는 마르크스주의에 대하여 회의적이었다. 권력의 체제와 행위는 부르주아지에 의해서 발명된 것이 아니라는 것이다. 그런 까닭에 푸코 사유는 논리학, 언어학이나 분석철학이 강조하는 것만큼 형식을 중요시하지 않고, 언표의 사용에서 알 수 있는 것처럼 내용을 비중 있게 다루고 있다. 검토도 하지 않은 채 인정하는 분류, 즉 유효성이 처음부터 당연하게 인정되는 거대한 담론을 의심한 것이 푸코의 이론상 특징이다. 그래서 푸코는 인간들의 언설들을 끊임없이 연결시키려는 습관을 가지게 만드는 모든 형태와 힘을 몰아내야 한다고 주장하였다. 오히려 분산되어 있는 사건들의 무리에 관심을 가지는 것이 올바

---

2) 푸코는 국어의 '지식'에 대응하는 말을 구분하여, savoir와 connaissance를 대비시켜 사용하였다. connaissance는 생물학이나 경제학 등과 같이 개별 연구 분야에 의해서 형성된 개별과학의 지식을 가리키고, savoir는 통상적으로 지식일반(savoir en général)으로 규정되는 것으로서 connaissance를 포함하고 있다고 보았다. 그래서 connaissance는 주체가 대상에 대해서 갖는 관계와 그 관계를 지배하는 형식적인 규칙(la règle formelle)을 의미하고, savoir는 특정 시기에 이러저러한 유형의 대상이 connaissance에 주어지기 위한, 그리고 이러저러한 언술행위(énonciation)가 형성되기 위한 필요한 조건을 지칭한다고 보았다.

르다고 보았다. 사람은 자신의 언설 속에서 사실을 파악해야 한다는 것이다.

이런 이유에서인지, 푸코는 삶을 마감하기 1~2년 전에 발행된 저서에서조차, 자신의 생각이나 작품을 진행 중이라고 하였고, 자신의 저술이 예기치 못한 비틀림과 전환을 하게 될 가능성이 있음을 지적하며 자신만의 포스트모던 철학 세계를 구축하였다.

2) 보드리야르

보드리야르(Baudrillard, 1929~2007)는 '시뮬라시옹(Simulation)'과 '시뮬라크르(Simulacres)'란 용어로써 현대사회의 허구성을 드러낸 포스트모던 철학자로 널리 알려져 있다. 시뮬라시옹은 시뮬라크르의 동사적 의미로서 '시뮬라크르를 하기'를 의미하며, 시뮬라크르란 실제로 존재하지 않는 대상을 존재하는 것처럼 만들어놓은 인공물을 지칭한다. 이 '시뮬라시옹'과 '시뮬라크르' 개념에 따르면, 우리가 대중매체를 통하여 접하는 정치가, 연예인, 상품 등의 모습은 모두 실제로 존재하지 않는 가장(假裝) 내지 허상(虛像), 파생실재(hyperréel) 내지 '원본이 없는 이미지'이다.[3] 현대인들은 대중매체를 통하여 실제로 없는 것을,

3) '시뮬라시옹'과 관련된 개념으로 '추상(abstract)'이란 용어가 있다. '추상'은 원본과 복사본이라는 이원론에 기초하고 있기에, 이미지는 실체의 그림자라고 보는 반면에, '시뮬라시옹'에서는 이미지가 실체를 가정하지 않고 스스로 실체인 이미지 혹은 모델을 만드는 것을 말한다. 구체적으로, '추상'은 본질적인 것을 끄집어내거나, 본질적인 것을 남겨놓고 군더더기를 제거함을 말한다. 그런데 이 본질적인 것을 플라톤주의와 중세 그리스도교 전통에서는 항상 정신적인 것으로 지칭하였다. 그에 따라 이원론적 논리를 전개하였다. 예컨대, 천상과 지상의 대립, 정신과 물질의 대립, 상상과 현실의 대립, 선과 악의 대결 등이 여기에 속한다. 그러므로 추상화 작업이란 현실로부터 이미지라는 추상물을 추출해 내는 작업이다. 이 작업을 하는 데 있어서, '시뮬라시옹'은 원본과 복사본이 전도된 현실을

있는 것으로 인식하여 믿고 판단하고 있기에, '시뮬라크르'가 그 자체로서 현실을 대체하고 저지전략[4]을 구사하며, 현실은 이 이미지에 의해 지배받게 되므로, 오히려 현실보다 더 현실적이라는 주장이다.

그 결과로, '시뮬라크르'가 존재를 대체하게 되기에, 사람들은 존재와 상관없는 '시뮬라크르'를 따라서 행위하는 주객이 전도된 상황이 벌어지고 있다. 그러다 보니 실재는 간데없고 실재보다 더한 파생실재(hyperréel)[5]가 이 세계를 가득 채우고 있다. 모든 것이 재현된 것이므로 어느 것이 진짜이고 어느 것이 가짜인가를 구별하기가 쉽지 않다. 재현된 것은 비현실적인 모습이 아니라, 실재보다 더욱 실제적이기 때문이다. 그리하여 이제는 역방향으로 파생실재가 실재를 압도하게 되었다. 실재는 사라지고 무수한 모델이 핵심으로 부각되었으며, 기호[6]가 모사(원본을 베끼어 씀)의 모델을 제시하고 있는 실정이다.

보드리야르에 따르면, 현대사회의 사물은 기호와 같은 허상이다. 그래서 인간의 사회 활동은 사용가치에 의해서 이루어지는 것이 아니라, 사물과 분리되어 있는 기호가 불러일으킨 욕망에 의해 이루어진다. 즉, 인간의 삶은 '실존하는 사물'과 '진짜 욕망'의 만남이 아니라,

---

나타내는 용어이다.

4) 저지전략이란 실재를 대체한 시뮬라크르가 실제인 것처럼 지속적으로 보이도록 자신의 부정적인 요소를 조작하는 전략을 말한다.

5) 실재는 전통적 개념으로서 현실 혹은 사실을 지칭하고, 파생실재란 불어의 hyperréel을 번역한 것인데, hyperréel은 시뮬라시옹에 의해 새로이 만들어진 실재로서 전통적인 실재와는 다른 것이다. 파생실재는 가장이기 때문에 전통적인 실재가 가지고 있는 사실성에 의해서 규제되지 않는다. 그럼에도 파생실재는 실재 이상으로 현대사회에서 실재가 담당하였던 역할을 담당하고 있기에, 실재가 아니지만 실재로 취급되고 있는 것이 일반적 상황이다.

6) '기호'는 '의미'를 감싸고 있는 겉의 모양이고, '의미'는 내용물로서 항구 불변의 요소이다. 전통 철학에서는 '의미'는 1차적이고, '기호'는 '의미'를 전달하는 껍질이기에 2차적 요소로 보았으나, 보드리야르는 이를 부정하였다.

'기호인 시뮬라크르'와 '가짜 욕망'의 만남인 것이다. 이 같은 측면에서 보면, 주체의 의식이란 공허한 것이 된다. 인간 의식이 포스트모더니즘 관점에서 해체당하는 상황이 조성된 것이다. 실제로 사람들은 자기가 필요한 상품을 욕망에 따라서 선택하여 소비하는 것이 아니라 광고와 디스플레이, 대형 쇼핑몰 등에서 기호로 유혹하는 '가짜 욕망'에 유혹되어 상품들을 소비하는 경향이 있다. 보드리야르는 이렇게 주객이 전도된 상황을 분석하여, 기호가 모든 것을 설명하고 있다고 판단하는 것은 착각이라고 주장하였다.

이 관점에서 보드리야르는 마르크스의 사용가치 개념을 수정하였다. 마르크스 이후 현대 자본주의 사회는 모든 것이 기호와 코드로 조작되는 후기산업사회, 즉 소비사회에 진입해 있으며, 후기산업사회에서는 물건에 고유한 사용가치에 따라서가 아니라 구체적인 상품과는 분리된 기호가 불러일으킨 욕망에 의해 구매 행위가 이루어지고 있기 때문이다.

근대철학(모더니즘)에 따르면, 합리성에 근거하여 사회가 발전하는 가운데 축적되는 경제력이 권력을 산출하는 것이다. 그렇지만 보드리야르의 시각은 다르다. 생산된 물건은 축적되는 것이 아니라 소각된다. 마찬가지로, 삶과 죽음의 관계는 삶이 죽음을 향해 나아가는 기나긴 여정이고 죽음은 삶의 결산이 아니라, 삶 속에 이미 죽음이 있기에, 산 자와 죽은 자는 끊임없이 교환하는 것이 가능하다. 같은 관점에서, 섹스의 목적이 쾌락에 있는 것이 아니고, 섹스는 쾌락을 지향하는 것이 아니며, 쾌락은 덤으로 올 수도 있고 안 와도 그만인 열등한 것이라고 보았다. 그래서 보드리야르는 프로이트와는 달리 성욕 대신 유혹을, 쾌락 대신 비쾌락의 전략을 내세웠다. 이같이 보드리야르는 이항대립적인 관점이 아니라 순환구조, 양가성이 지배하는 구조, 상호관계가 유지되는 구조를 강조하였다.

위와 같이 보드리야르는 합리성을 깨뜨리려는 의도에서 논의를 전개하였다. 마르크시즘을 비판할 때도, 프로이트의 무의식을 비판할 때도, 그는 그것들이 얼마나 교묘히 서구의 사고 체계와 맞닿아 있는지를 보여주었다. 그러므로 그의 논의는 급진적이며, 부분적으로는 비관적이고 허무주의적인 면이 있다. 보드리야르의 관점에 서면, 정상-비정상, 삶-죽음, 백인-흑인, 남성-여성의 코드와 같은 구분의 필요성이 줄어들고, 이들 사이에 상징적 교환이 가능하게 된다. 여성이 남성에게 권리 재배분과 양성평등을 주장할 것이 아니라, 성의 구별은 기호에 불과하며 아무것도 아닌 것이 된다.

특히, 보드리야르와 마르크스의 관점을 비교해 보면, 혁명이 성공할 수 있는 분위기가 무르익기를 기다리며 혁명의 방법들을 다듬고 미래에 달성할 목표를 위하여 오늘을 준비하는 것이 마르크시즘이다. 반면에 보드리야르는 기계의 파괴, 파업을 위한 파업, 파리 코뮌에 이르기까지의 급진적 반란들이 진짜 혁명이라고 보았다. 마르크시즘은 자본주의를 전복시키고자 출발했으나, 실제로는 자본주의를 살찌우는 이론의 재생산일 뿐이었다고 보는 것이 보드리야르의 입장이다. 이와 같이 보드리야르는 기호 논리의 취약 부분을 지적하며, 모사[기호 놀이]가 지배하는 현대 정치, 경제, 문화, 교육 등의 분야에 키치(kitsch)[7]가 넘쳐나는 현실을 설명하였다.

---

7) 키치(kitsch)는 모조품 내지 의사사물(擬似事物, pseudo-objet), 즉 시뮬레이션이나 복사품이라고 설명될 수 있다. 어원상 키치는 관광지에서 볼 수 있는 싸구려 기념품, 액세서리와 같이 저속하고 시시한 물건을 의미하는데, 담화에 있어서는 '상투적 문구'와 같은 기능을 하며, 모든 사물의 세부 내용에서 키치가 발견될 수 있다. 한편 이와 유사하게, 모더니즘 토양에 대한 포스트모더니즘의 모방을 지적한 견해도 있다. 제임슨(Jameson, Frederic)은 포스트모더니즘에서 중요한 특징의 하나가 패스티쉬라고 지적하였다. 패스티쉬는 패러디와 유사하지만, 유머 감각을 상실한 죽은 언어로 모방하는 것을 말한다. 그래서 패스티쉬에서는 패러

4 실존주의

실존주의(existentialisme)는 제1차, 제2차 세계대전을 계기로 확산되었다. 실존주의에 의하면, 인간의 본질은 이성(理性)이 아니라 개개인이 가지고 있는 독자성(獨自性)에 있다. 실존주의가 말하는 독자성이란 '실존'을 의미하며, 이것은 유일무이(唯一無二)한 개인으로서의 주체적이고, 타자와 대치될 수 없는 삶을 의미한다. 즉, 자기동일성(自己同一性)을 확립한 한 개인의 삶과 의식을 의미한다. 이렇게 20세기에 들어와서, 개인의 삶과 의식의 문제가 철학의 핵심 문제로 집중적으로 조명을 받았다.

서구 실존철학자는 삶의 위기를 극복한 자기 체험을 논리적으로 정리하여 실존주의를 전파한 사람이다. 유신론적 실존철학자인 덴마크의 키에르케고르(Søren Aabye Kierkegaard, 1813~1855)는 방탕과 우울 속에서 죽음과 신(神)의 문제에 직면하여 실존을 철학적으로 구명해 냈고,[8] 독일의 야스퍼스(Karl Theodor Jaspers, 1883~1969) 역시 좌절을 체험하며 초월에 도달하는 실존철학을 체계화시켰다.[9] 이들에 따르면, 실존이란 서구 신학에서 말하는 신(神)을 믿음으로써 자유의지를 확립할 때 가능하다.

마찬가지로 무신론적 실존철학에서도 인간에게는 초월적 존재에 대한 주관적인 지향이 있다고 본다. 그래서 무신론적 실존철학자인 프랑스의 사르트르(Jean Paul Sartre, 1905~1980)는 만약 어떤 소리가 내게 무엇을 말했다면 그것이 천사의 소리라고 결정하는 사람은 나

디와 같은 숨은 동기나 풍자적 충동 혹은 웃음을 찾아보기 힘들다.

8) 김홍호(1984). 『실존들의 모습』. 서울: 도서출판 풍만, 28쪽.

9) 위의 책, 106쪽.

자신일 것이라고 주장하였다.[10]

위와 같이 자기 체험을 통한 각성을 바탕으로 주장된 실존철학은 심리학과 교육학을 비롯하여 여러 학문 분야에 영향을 미쳤다. 실존주의 심리학자들은 인간은 인간성을 가지고 태어나며 참으로서의 자아가 제 자신 속에 있는 것으로 인식하였다.[11] 교육학 분야에서는 볼로우(O. F. Bollow)가 슈프랑거(E. Supranger)의 말을 정리하여, 학교는 인간을 내면적으로 눈뜨게 하는 각성을 임무로 삼아야 한다고 하였다.[12] 실존주의 심리학에서도 사람은 인간성을 가지고 태어나며 참으로서의 자아가 제 자신 속에 있는 것으로 인식하기에 이르렀다.[13] 한국에서는 강신웅, 김인회, 이규호 등이 실존철학의 교육적 의의를 제기하였다. 강신웅은 "현대가 무신론(無神論)을 떠들지만 그 어느 때보다도 참다운 신을 갈망하는 심도는 절박한 것이며 그것이 곧 인간 실존의 문제임을 반증하는 근거"[14]라고 하였고, 김인회는 "실존주의가 자기의 삶을 성실하게 살기 원하는 사람이라면 누구나가 필연적으로 거쳐 가야만 할 과정"[15]이라고 보았다. 이규호는 실존이란 인간 존재를 의미하고, 특히 어떤 실체가 아니고 사람의 현존(現存)을 뜻한다고 하였다.[16] 그래서 그는 '인간은 자기 자신과 관계하는 존재라는

10) 왕사영 역(1993). Sartre, J. P. 지음. 『실존주의는 휴머니즘이다』. 서울: 청아출판사, 29쪽.

11) 이동식(1977). 『한국인의 주체성과 도』. 서울: 일지사, 151쪽.

12) 이규호 역(1967). Bollow 지음(1959). 『실존철학과 교육학』. 서울: 배영사, 42쪽.

13) 이동식, 앞의 책, 151쪽.

14) 강신웅(1966). 실존의 개념과 교육철학. 한국교육학회 편. 『교육학회지』, 제4호, 53쪽.

15) 김인회(1966). 실존주의철학에서 시도한 교육이론의 검토. 한국교육학회 편. 『교육학회지』, 제4호, 110쪽.

16) 이규호(1972). 『교육과 사상』. 서울: 배영사, 79-80쪽.

것', '자기 자신과 관계함으로써 타자와 관계한다는 것', 그리고 '실존은 우리가 성취해야 할 바의 가능성이라는 것'이 실존철학의 공통점이라고 하였다.[17]

삶의 위기와 이를 극복해 나가는 인간의 내적 성장을 설명하는 데 유효한 실존주의 교육관은 교육에 큰 영향을 미치지 못했다. 그래서 이규호는, 제2차 세계대전 이후 전 세계의 모든 분야를 한때 휩쓸다시피 한 실존철학이 교육학에 대하여 이렇다 할 아무런 생산적인 업적도 남기지 못한 것은 매우 기이한 일이 아닐 수 없다고 보았다.[18] 이와 관련하여 볼로는 교육을 만드는 행위로 보는 '기계적 교육관'이 지배적이고, 실존주의 교육이 어떤 한 면만을 지나치게 첨예화한 주장으로 받아들여지고 있다는 점에서 그 이유를 찾았다.[19] 마찬가지로, 한국에서 실존주의 교육관이 교육현장에 영향을 미치지 못한 원인은 한국교육이 근대 교육관을 축으로 삼아 왔음에서 찾을 수 있으며, 실존에 관한 담론을 뒷받침하는 교육 자원이 충분히 제시되지 못한 점에서 찾을 수 있다.

그렇지만 삶의 위기는 사실상 필연적으로 삶의 본질에 속하는 것이며, 성숙의 보다 높은 단계는 위기를 거쳐나가는 가운데에서만 도달될 수 있다.[20] 게다가 한국의 현실을 고려하면, 실존 문제를 도외시하기가 힘들다. 우리나라 청소년들은 지속되는 경쟁 속에서 갈등이나 위기에 빠지기 쉬운 상태에 놓여 있다. 학업과 취업의 중압감에 시달리는 청소년이 많고, 심지어 경제적 어려움 속에서 가정이 해체된 청소년도 상당수가 있는 것이 현실이다. 더욱이 모든 청소년들은 내적

---

17) 위의 책, 85-86쪽.

18) 위의 책, 88쪽.

19) 이규호 역. 앞의 책, 15-17쪽.

20) 위의 책, 36쪽.

으로 질풍노도의 시기를 피할 수가 없다.

따라서 한국사회는 실존주의 철학의 교훈을 배제하기가 힘들다. 우리 청소년이 사람다운 사람으로 거듭나서 인격을 정립하도록 이끌어 주는 데 있어서 실존주의에 주목할 필요가 있다. 인간은 자신의 삶을 살아가며 정체성과 가치관을 형성해야 하는 존재이며, 자기 자신의 삶에 대한 책임을 져야 하는 유일무이한 존재이고, 아무도 대신할 수 없고 대치될 수도 없는 존재이기 때문이다.[21)]

실존적 관점에서 볼 때, 각성은 비본래적인 상태로부터 본래적인 상태로 깨어나는 것을 말한다.[22)] 다시 말해서 비본래적인 상태, 즉 '다스 만(das Mann)'의 상태에 있는 삶을 벗어나는 것이다. 이러한 과업을 청소년이 달성하지 못하면, 정신적 고난 속에서 초자아(superego)에 이르지 못하고 이기적인 원욕(id)으로 전락하게 된다.

따라서 실존주의 철학에서 말하는 실존은 가소성을 지닌 존재인 개인이 위기에 직면하여 결단을 내리고, 각성을 하는 내적인 문제에 초점이 있다. 실존주의에서는 새 삶은 위기와 더불어 시작되고 인간은 위기를 통해서만 새로운 삶에 도달할 수 있다고 본다.[23)]

5 페미니즘

포스트모더니즘에서 페미니즘(feminism, 여성주의)이 논의된 것은 남성 위주의 부계사회가 지닌 전체성의 해체를 추구하는 것이다.

21) 이계학(1991). 『인격교육론』. 서울: 성원사, 171쪽.

22) 이규호 역. 앞의 책, 45쪽.

23) 위의 책, 33-34쪽.

페미니즘이 제기된 현대사회의 배경은, 1950년대 이후 고도로 발전한 후기 산업사회에서 성(性)[24]과 가족 문제에 있어서 남성 중심의 '메타 이야기'가 더 이상 가능하지 않은 사회 조건이 형성된 점에서 찾을 수 있다. 즉, 현대사회의 특징은 남성 위주의 전체성에서 벗어나 여성주의와 동성애자의 권리 등이 인정받는 다원성이 확대되는 것을 의미한다. 이같이 1960년대 이후 남성중심주의 탈피를 주장하는 다양한 논의가 있었음에도 불구하고, 현대사회에서 여성들은 여전히 소외되어 있는 경우가 많다.

페미니즘이 제기되기 전에는, 여성의 행동과 인식이 남성보다 열등하다고 보는 것이 일반적이었으며, 그래서 대부분의 기준이 남성중심적이었다. 이와 관련하여, 길버트(Sandra Gilbert)와 구바(Susan Gubar)는 1979년에 여성의 입장에서 쓴 "다락방의 미친 여자"(A Madwoman in the Attic)에서 서구에서의 부성(父性, paternity)을 다음과 같이 묘사하였다:

> 가부장적인 서구 문화에서 ... 텍스트의 작가는 아버지이고 ... 그의 펜(pen)은 그의 성기와 같이 생식력의 도구가 된다...

역사적으로 볼 때, 여성의 지위와 관련된 근대적인 연구에 있어서 서구에서는 엥겔스(Friedrich Engels)가 선구자로서 알려져 있다. 엥겔스는 "가족, 사유재산, 그리고 국가의 기원"(1845)에서 경제변화가 가족관계변화와 관련되어 있음을 설명하며, 인류가 원시적인 잡혼, 모계 사회와 여가장제를 거친 후, 생산의 중심을 남성이 담당하게 되면서 남성이 여성을 소유물로 여기게 되었기에, 사유재산제도를 무

---

24) 성(性)의 의미는 다양하다. 섹스(sex)는 생물학적 성을 말하고, 젠더(gender)는 사회·문화적으로 형성된 성을 말하며, 섹슈얼리티(sexuality)는 성욕, 성적 속성, 성 등 여러 가지 의미로 해석이 되고 있다.

너뜨림으로써 여성해방을 이룰 수 있다고 보았다. 그래서 엥겔스는 여성의 경제 독립을 위하여, 여성의 공적 산업으로의 투입과 가사와 육아의 사회적 관리를 제기하였다.

동양에서는 가부장적인 유교보다는 불교와 노장철학에서 여성주의의 흔적을 찾아볼 수 있다. 불교가 중국에 전래된 후, 불상에 여성 부처인 관음보살(觀音菩薩)이 더해지고, 이에 대한 숭배는 석가모니와 거의 대등한 경우가 많았다. 이와 관련하여, 중국의 측천무후(則天武后, 624~705)와 신라의 선덕여왕(善德女王, 632~647), 진덕여왕(眞德女王, 647~654), 진성여왕(眞聖女王, 887~897)이 나라를 다스릴 때는 불교가 융성했음이 공통적이다.

노장철학에서도 여성주의적인 경향이 강하였다. 노자의 출생 설에 의하면, 노자는 어머니가 홀로 72년간 임신하여 오얏나무(李木) 아래에서 낳았기에, 성을 이(李)로 정하게 되었다는 말이 전해내려 오고 있다. 이렇게 아버지 없이 출생한 노자로부터 시작된 도가에서는 유교철학과 다르게, 여성과 남성을 구별하지 않음이 특징적이다. 불교와 도가에서는 여성을 비하하지 않았음은 분명하다.

서구에서는 근대 이후 여성주의(페미니즘)에 대한 관심이 다양하게 제기되었다. 널리 알려진 것처럼, '자유주의 관점의 여성주의', '마르크스주의 관점의 여성주의', '급진주의 여성해방론', '사회주의 여성해방론' 등이 제기되었다. 이 가운데, '자유주의 관점의 여성주의'는 근대 시민사회를 배경으로 중산층 여성의 사회 및 경제적 권리 향상을 통하여 여성의 지위향상을 추구하였다. 반면에, '마르크스주의 관점의 여성주의'는 여성의 차별문제를 자본주의 사회의 구조 문제로 접근하여 사회주의 혁명을 통하여 여성해방을 달성할 수 있는 것으로 보았다. 한편, 1960년대에 미국과 영국을 중심으로 전개된 '급진주의 여성해방론'은 여성의 생물학적 특성으로부터 여성 차별이 생기는 것으로 파악하였고, '사회주의 여성해방론'은 '마르크스주의 관점의 여성주의'와 유사하게 여성문제를 여성을 위한 복지 실현을 통하여 해소할 수 있는 것으로 보았다.

특히 19세기 후반부터 유럽과 미국에서 일기 시작한 여성주의(페미니즘)의 중심에는 1949년에 출간된 프랑스의 시몬 드 보부아르(Simone de Beauvoir, 1908~1986)[25]의 『제2의 성』(Le Deuxieme Sexe)이 큰 영향을 미쳤다. 시몬 드 보부아르는 프랑스 여성해방 운동에 참여하여 낙태의 합법화 운동을 펼쳐 낙태의 합법화를 이끌어내는 등 여성과 여성노동자의 권리를 높이는 데 크게 공헌하였다.

근래 포스트모더니즘의 관점에서, 메타 담론화된 페미니즘을 경계하는 의견이 제기되었다. 양성평등이 지나치게 강조되는 상황에서, 과거에 남성주의 해체 필요성이 인식된 것처럼, 페미니즘 역시 경계될 필요가 있다는 주장이다. 이러한 대립을 완충하는 시도로서 포스트모던 페미니즘(Postmodern Feminism)이 대두하였다.

6 현상학

현상학(現象學, phenomenology)이란 인간이 오관(五官: 이, 목, 구, 비, 촉)으로 의식한 현상들을 인과적으로 설명하거나 기술하거나 연구하는 것을 목표로 하는 현대 철학의 한 분파이다.

---

25) 20세기를 대표하는 여류 작가이며 실존주의 철학자였던 '시몬 드 보부아르'는 실존주의 철학의 동지였던 '장 폴 사르트르'와 계약결혼을 한 것과 자유로운 결혼생활을 한 것으로 유명하며 죽은 후 사르트르의 묘 옆에 묻혔다.

원래 현상(phenomena)은 그리스 말로서 '나타남'이라는 의미이고, 현상학이란 말은 18세기 독일의 수학자이며 물리학자로서 철학을 연구한 람베르트(Johann Heinrich Lambert, 1728~1777)가 자신의 인식론 일부에 붙인 이름이었으나, 19세기 독일의 철학자 헤겔(Georg Wilhelm Friedrich Hegel, 1770~1831)이 "정신 현상학(Phänomenologie des Geistes)"(1807)에서 이 용어를 사용하였고, 현대철학으로서의 현상학이란 용어는 독일 철학자 후설(Edmund Husserl, 1859~1938)에 의하여 체계적으로 정립되었다.

후설은 학문과 과학이 비약적으로 발전했음에도 불구하고, 현상의 본질을 밝히고자 했던 철학이 20세기에 들어와 그 기능을 상실했다고 보았다. 이러한 위기의식에서 출발한 현상학은 1910~1920년대 독일철학의 주류를 이루었고, 독일과 이웃한 프랑스를 비롯하여 북미로 전파되어 현대사회에 큰 영향을 미치는 대표적인 철학 사조 가운데 하나로 자리 잡았다.

현상학을 보편적인 현대철학으로 정립시킨 독일 철학자 후설은, 이전의 철학과는 달리 사상(事象) 그 자체를 중시했으며, 개념에 얽매임이 없이 직관으로써 본질과 순수의식 영역을 드러내고자 하는 현상학적 방법론을 체계적으로 구안하였다. 그래서 현상학자들은 직관이나 경험을 통하여 얻어진 자료를 의식 속에서 체계적으로 변형하여 연구하면, 현상의 본질을 통찰할 수 있다고 본다.

이렇게 사상(事象) 그 자체와 직관을 강조하는 측면에서, 현상학은 자연과학에 대비하여 정신과학의 방법론을 정립하고 생의 내면적인 직접 체험에 기초를 둔 인식이론의 발전에 공헌한 딜타이(Wilhelm Dilthey, 1833~1911)의 '생의 철학'과는 다르고, 그리스와 라틴 고전에 대한 문학적 연구와 성서의 통일적 해석을 통하여 프로테스탄트 신학의 기초를 세운 슐라이어마허(Friedrich D. E. Schleiermacher, 1768~1834)의 '해석학'과도 달리, 철학을 현상에 바탕을 두고 과학적으로 토대를 구축하는 데 관심을 두었다. 그래서 후설의 현상학은 당시 유행하던 실증주의와 유물론에 의해서 상실될지도 모를 이성과 정신을 본질 인식과 본질 파악으로 구제하려 한 것이라고 볼 수 있다. 다시 말해서, 의식의 상호주관성(간주관성, 間主觀性)을 확보하는 방법을 세우려고 한 것이다. 이 현상학적 방법은 의식에서 주관성을 배제하는 환원의 과정을 거쳐 순수의식의 인식에 도달하고자 한다.

위와 같은 후설의 '초월론적 현상학'은 '구성'의 가능 근거를 해명함을 목표로 하고 있었는데, 후설의 후기 초월론적 현상학인 '발생적 현상학'은 구성을 시간적인 '발생적 정초단계'에서 해명하고자 하였다. 이같이 구성을 시간적이고 발생적인 정초 단계에서 해명하고자 했던 '발생적 현상학'은, 전통적 의미의 인식론과 다르고 실천철학, 문화철학, 역사철학, 형이상학 등의 성격을 지니게 된다.[26] 그래서 후설의 후기 초월론적 현상학인 '발생적 현상학'은, 그의 교수직을 이어받은 하이데거의 '해석학적 현상학'과 많은 점에서 유사하다.

위와 같이 후설에 의해서 발전한 현상학은, 하이데거의 『존재와 시간』에서 시간이 존재를 가리는 과정으로 파악되며 존재를 드러내는 '해석학적 현상학'으로 전개되었고, 그 후 가다머(Hans-Georg Gadamer), 레비나스(Emmanuel Levinas), 반 매넌(van Manen), 지오르기(Giorgi), 콜라이찌(Colaizzi), 반 캄(van Kaam) 등에 의해 방법론이 발전한 결과, 북미 사회과학 학계의 중요한 연구방법으로 자리잡았다. 이 같은 학문 동향이 우리나라에서는 철학, 교육학, 유아교육학, 아동학, 심리학, 간호학, 특수교육학, 문화인류학 등과 같이 계량적

26) 이남인(2004). 『현상학과 해석학』. 서울: 서울대학교 출판부.

으로 접근하기 힘든 연구문제를 다루는 분야에서 주로 적용되고 있다.

교육연구에 있어 현상학적 접근의 동향은 첫째, 후설로부터 시작된 인식론적 혁명으로 삶의 본원적인 경험을 중시하는 '생활세계적 접근'과, 둘째, 북미의 교육과정 재개념론자들에 의해 교육과정의 이해 논리의 사상적 기초로 발전된 '재개념적 접근'으로 나눌 수 있다. 전자가 생철학, 교육인간학 등과 연계되어 생활세계에 대한 실제적인 질적 연구를 활성화시킨 데 비해, 후자의 경우 실존철학, 해석학, 기호학, 정신분석학 등과 연계되며 교육 실제 전반에 걸쳐 근원적인 성찰을 촉구하는 사상적 기초로 발전하였다.[27)]

현상학적 연구는 절차 측면에서, '참여관찰'과 '심층면담' 등을 통하여 자료를 수집하는 측면과, 수집된 자료를 '기술'하여 '분석'하고 '해석'하여 옮겨 적는 글쓰기 측면이 중심을 이루고 있다. 인간은 현상을 있는 그대로 보기 힘들고, 설령 현상을 있는 그대로 인식하였다고 할지라도 이것을 문자로 옮겨주는 것은 쉽지 않은 작업이다. 현상(現象, phenomenon)이란 개념화, 범주화, 분석, 해석, 성찰, 비판, 평가 이전에 존재하는 우리 눈앞의 세상(life-world)이지만, 모든 인간은 특정한 문화 안에서 '세계내적 존재'로 태어나고 살아가기에, 인간은 현상을 결코 '있는 그대로' 볼 수 없으며, '현상학적 환원' 또는 '질적 해체'를 추구하여 세계와 문화에 갇히지 않고 보다 초월적인 인식과 존재를 지향해야 하기 때문이다.[28)]

위와 같은 현상학을 중시하는 질적 연구방법(質的 硏究方法, qualitative research method)의 범주에 속하는 용어는 다양하다. 수집

---

27) 유혜령(2005). 아동교육연구의 현상학적 접근: 역사와 과제. 한국교육인류학회 편. 한국교육인류학회. 『교육인류학연구』, 8(1), 57-88쪽.

28) 조용환(2006). 내 안의 전통: 전통문화와 교육의 자전적 생애사 연구, 한국교육인류학회 편, 『전통, 교육, 그리고 질적연구』, 추계학술대회, 24쪽.

자료와 연구 기법에 따라서 문화기술적 연구(ethnographic research), 실행연구(action research), 내러티브 연구(narrative research), 현상학적 연구(phenomenological research), 자연주의적 탐구(naturalistic inquiry), 현장연구(field research), 생애사 연구(life history research), 사례연구(case study), 근거이론 연구(grounded theory research) 등을 비롯하여 이로부터 파생된 다양한 용어들로 표현되고 있다. 이러한 질적 연구방법에서는, 연구자가 연구초기에 가설과 연구설계를 세워 연구를 수행하는 것이 아니라, 연구현장에서 귀납적인 접근을 하는 점에서 공통점을 찾을 수 있다. 바꾸어 말해서, 사회와 현상이 동일하지 않음을 고려하여, 기존의 선행 이론에 논리 전개를 의존하기보다 현장에서 변수들을 찾아내서 현실에 적합한 이론을 모색하고자 노력한다. 즉, 연구문제의 본질을 연구대상의 체험과 연구현장 속에서 파악해내고자 노력한다. 그래서 과학주의나 관념주의에서의 접근과 다르게, 인간의 인식 문제를 현상에 근거하여 파악하고자 노력하는 공통점을 지니고 있다.

질적 연구보고서의 글쓰기는 수집자료 제시 측면에서 '기술', '분석', '해석'으로 나누어 작성하는 경향이 있다. 이와 같이 '기술', '분석', '해석'으로 구분해주는 이유는, 연구자가 연구주제와 관련된 현상을 간주관적으로 인식하였다고 할지라도, 이것을 독자가 객관적으로 읽을 수 있도록 제시해주기 위함이다.

7 획일성의 탈피: 맥락과 질에 주목

탈근대성에서 말하는 다양성이란 결과보다는 과정과 맥락의 중요성에 주목하는 것이고, 양(量)적인 면보다는 질(質)적인 면에 주목하는 것이다.

1) 맥락에 주목: 결과보다는 과정 중시

(1) 맥락의 의미와 가치

맥락의 관점에서 인간은 변화하는 세상에 놓인 변화하는 존재이다.[29] 즉 인간은 생물학적 체질, 물리적 환경, 사회적·역사적·문화적 관계를 포괄하는 맥락(context)에 지속적으로 반응하고 작용하는 존재이다.

맥락은 '맥락적 접근(contextual perspectives)' 혹은 '맥락주의(contextualism)'란 용어로 인류학, 사회학, 심리학 등의 연구에서 소개되어 왔다. 맥락적 접근은 문화인류학자 루스 베네딕트(Ruth Benedict)와 마거릿 미드(Margaret Mead), 사회학자 킹슬리 데이비스(Kingsley Davis)의 연구를 통하여 흔히 설명되며, 기존의 획일적 인간관과 사회관을 보완해 주는 측면에서 제기되었다. 그래서 맥락적 접근은 획일성을 거부하며, 인간과 사회현상을 계량으로 환원시켜 보편원리를 추구하는 것의 한계와 허구에 주목한다.

위와 같은 맥락주의(contextualism)는 인생의 격변기에 놓인 청소년을 설명하는 데 유용할 뿐만 아니라, 성인기 이후의 인간을 분석하

29) Santrock, J. H. (1995). *Life-span Development*. Dubuque: WCB, p.12.

는 측면에서도 유용하다. 이것은 맥락적 관점에서 중요한 위치를 차지하는 "변증법적 해석이 성인발달과 노화(老化) 연구로부터 비롯되었다."30)는 사실로부터 알 수 있다.

(2) 맥락적 관점의 유용성

맥락적 접근은 인간을 어떤 고정된 틀에서 파악하지 않고, 사회환경에 대하여 변증법적 역학관계에 놓인 가소성(plasticity)을 지닌 존재로 본다. 그래서 급변하는 사회에서 맥락주의(contextualism)는 유용한 인간관과 방법론으로 제시될 수 있다.

근대 이성철학 이후 대두된 인간관은 매우 다양하다. 그 쟁점으로는 '신체중심 대 정신중심', '지식중심 대 인성중심', 그리고 '양(量) 중심 대 질(質) 중심' 등이 제시될 수 있다. 이러한 논쟁과 관련하여, 바르부(Zevedei Barbu)는 개인의 정신발달에 미치는 사회의 영향은 지각·상상·기억 또는 사고와 같은 정신의 여러 가지 기능에만이 아니라 '정신의 구조적 성격'에까지 미치고 있다고 보았다.31) 요컨대, 인간 정신은 시간과 공간을 초월하여 고정 불변이 아니라, 생물학적 요인, 물리적 환경, 가정적·사회적·문화적 맥락에 의하여 영향을 받는다는 것이다. 이런 관점에서 보면, 모든 사람이 동일한 생물학적 조건의 진공 상태에서 같은 사회적 과업과 관심을 지니고 동일한 방식으로 발달과 적응을 해나가는 것으로 보기 힘들다.

그래서 맥락주의를 심리 분야에 적용하면, 프로이트나 피아제와

---

30) Riegel, K. F. (1973). Dialectical operations, the final period of cognitive development, *Human Development, 16*. in Riegel, K. F. (1975). Toward a dialectical theory of development, *Human Development, 18*, p. 60.

31) 임철규 역(1983). Barbu, Z. 지음. 『역사심리학』(*Problems of Historical Psychology*). 서울: 창작과 비평사, 12쪽.

는 다른 인간관을 상정하는 것이 가능하다. 인지에 관한 맥락주의 접근인 '변증법적 발달이론(Dialectical Theory of Development)'은 발달에 있어서의 평형이나 균형은 덜 강조하고 내적·외적 모순에 의해서 발생하는 지속적인 변화를 강조한다.[32] 이 관점에서 보면, 무의식 개념을 주장하여 근대 이성철학의 한계를 드러낸 프로이트(S. Freud)의 한계가 드러나게 된다.[33]

프로이트에 의하면, 무의식의 지배를 받는 인간은 비합리적 존재이며 인간에게서 합리성이란 매우 적은 부분을 차지한다. 한편, 피아제(J. Piaget)에 의하면, 인간에게는 비합리성이 매우 적은 부분을 차지하며 인간은 합리적인 존재이다.[34] 그렇지만 이들 견해는 공통적으로 비합리적 사고의 원인을 지각의 혼란으로 파악하기에, 이 지각의 혼란을 제거하면 합리성을 회복할 수 있는 것으로 본다. 이들은 여러 요인을 함께 고려하는 맥락적 상호작용보다 제한된 환경에서 적극적인 조작을 강조했던 것이다.

그렇지만 현대를 살아가는 인간 현상을 둘러보면, 프로이트와 피아제 이론에서 상정되는 평형이나 균형의 기간은 실제로 일시적 현상에 불과한 경우가 많다. 인간이 발달과업을 완성하고 일치성(synchrony)을 성취하자마자, 새로운 문제와 모순이 인간과 사회 내부에서 발생한다는 것이다.[35] 그래서 맥락적 접근의 한 가지인 변증법적

32) Riegel, K. F. (1975). Toward a dialectical theory of development, *Human Development*, 18, p. 50.

33) 근대 이성철학은 프로이트 심리학의 출현으로 한계가 드러났다고 볼 수 있다. 왜냐하면 프로이트의 무의식 개념이, 인간의 이성을 지배하는 내면의 중요한 부분으로 사회적 공감을 얻어냈기 때문이다.

34) 김용선 편(1992). 『피아제론과 반(反)피아제론』. 서울: 형설출판사, 231쪽.

35) Riegel, K. F. (1975). Toward a dialectical theory of development, *Human Development*, 18, p. 52.

시각에서는 끊임없는 모순이 발달의 원천이라고 본다. 청소년기에 일어나는 다양한 갈등과 고뇌는 단순히 위기로 간주되어 회피될 사항이 아니라, 한 단계 도약하는 발달의 발판이라는 것이다. 실제로 심신이 지극히 평온하고 안정된 평형의 상태에서 성장하는 청소년에게는 내적 발전이 부진한 경우가 적지 않다.

(3) 맥락의 범주

맥락주의의 관점에서 보면, 한국 청소년은 가족, 학교, 종교, 동아리 등 소속집단의 유형과 제반 변수에 의해 영향을 받는다. 그래서 한국 청소년의 맥락 범주는 생물학적 맥락 이외에 가정, 학교, 사회, 역사, 문화, 종교, 언어 등의 측면이 고려될 필요가 있다.

구체적으로 말해서, 체질인류학적으로 한국 청소년은 퉁구스(Tungus) 족에 속하면서도 여타의 퉁구스 족들과는 다른 외모를 갖고 있다. 퉁구스란 아시아 대륙의 선주민인 고아시아(고시베리아) 족이 타 지역 주민들과의 혼혈 또는 특수 자연환경 안에서 자체변화를 통해서 지역화한 것인데, 한민족은 이러한 과정에서 독특한 외적 특징과 정체성을 형성하였다. 한국인들은 세계화가 진전된 오늘날에도 반쪽이 한국 혈통인 혼혈인에게는 국방의 의무조차 면제시킬 정도로 생물학적 특성에 민감하다.

또한 한국인들은 자연환경 측면에서 열대나 냉대 기후가 아니며 고산 지대도 아닌 한반도에서 사계절의 영향을 받는 맥락 속에서 살아오며 큰 영향을 받아 왔다. 가정과 학교 맥락 측면에서, 한국 청소년들은 서구적인 의상과 음악과 음식을 즐길지라도, 다른 한편으로는 전통적인 방식으로 백일과 돌을 지내고 상례와 제례를 지내는 가족의 구성원이다. 아울러 한국 청소년은 그들 세대만의 맥락도 갖고 있다. 한국 청소년들의 삶에는 그들만의 삶의 양식으로서 기성세대와는 다른 유형의 대중문화[36]가 있다. 부모와 선생님이 이해하기 힘든 은어, 음악, 춤, 놀이를 선호한다. 이밖에도 언어 맥락 측면에서, 굳이 하버마스(Habermas)가 모든 사회 체제가 언어라는 기본 체제에 의존하고 있다고 말한 점을 제시하지 않더라도, 한국 청소년은 존비어 체제가 있는 한국어를 사용하며 가치관과 특징을 형성하고 있다.

2) 질(質)에 주목: 계량적 세계관의 탈피

현상(phenomenon)이란 철학적으로는 본질에 대응하는 개념으로서 관찰할 수 있는 어떤 형상을 말한다. 현상과 본질의 관계에 대하여, 동양 불교에서 현상 이면에 있는 참된 실재 내지 본체를 가정하는 것과 달리, 헤겔(G. W. F. Hegel)은 『정신현상학』(1807)에서 현상과 본질의 분리를 반대하여 본질은 현상을 통하여 드러난다고 보았다. 마찬가지로, 후설(E. Husserl)의 현상학(phenomenology) 역시 의식에 직관으로 포착된 현상을 기술하는 것을 추구하였다.

위와 같은 서양 철학의 관점은 현상의 질적 요소를 파악하고자 하는 연구방법론(research methodology)이며, 현상을 계량적으로 환원시키는 양적 접근과 대비된다. 양적 연구방법이 최종적으로 제시하는 통계 지수나 공식은 개별적 사례들을 사장시키는 데 비하여, 질적

36) 서구의 대중문화 연구 가운데 프랑크푸르트학파의 비판이론적 연구(Dubiel, 1982; Kellner, 1982), 영국 버밍햄 대학의 문화연구센터(Centre for Contemporary Cultural Studies)를 중심으로 하는 문화연구(Williams, 1989; Willis, 1981; Johnson, 1979), 포스트모던 경향의 후기구조주의적 문화연구(Jameson; Habermas, 1981)는 문화를 '전수'의 입장에서 통시적으로 접근하는 것이라기보다는 일정 시점을 기준으로 특정 사회문화를 구성하는 하위문화들 간의 '관계 혹은 대립'에 초점을 두고 논의가 전개되었다.

연구방법은 개별적 사례들의 구체적 언어, 행동, 상황을 살려내고자 노력한다.[37] 양적 연구가 개념을 맥락에서 분리하여 조작적으로 단순화하는 데 비하여, 질적 연구는 개념을 맥락의 복잡성 속에서 구체적으로 취급한다.[38]

현상의 질적인 면에 주목하면, 일반화를 추구하는 거대 담론의 보완 방향이 파악될 수 있다. 이처럼 질을 중시하는 접근이 인류학 영역에서는 '문화기술적 연구(ethnographic research)' 등을 통하여 이루어졌고, 사회학 영역에서는 '민속방법론(ethnomethodology)' 등을 통하여 시도되었다.[39] 현상의 질에 주목한다는 것은 철학적으로는 현상학(phenomenology)의 관점을 취하는 것이고, 이 관점으로 현상에 접근할 때 사람은 판단정지(epoche)의 상태에서 직관을 통하여 현상을 있는 그대로 파악하고자 노력하게 된다.

---

37) 조용환(1995). 일상세계의 복잡성에 대한 이해. 대구교육대학교 (편). 『초등교육연구논총』, 제7집, 18쪽 참조.

38) 위의 논문. 14쪽.

39) 사회현상에 대한 연구방법으로서 기능이론이나 갈등이론과 같은 거시적 접근(macroscopic approach) 이외에 민속방법론, 문화기술적 연구와 같은 미시적 접근(microscopic approach)도 있다. 사회학자 가펑클(Harold Garfinkel)에 의하면, 민속방법론(ethnomethodology)이란 사람들이 일상의 언어와 행동을 통하여 안정된 사회관계를 구축하는 방법들에 대하여 연구하는 것을 말한다. 즉, 일상의 삶에서 사람들이 상호작용(interaction)에 참여하여 사회를 형성, 유지, 변용해 나가는 방법을 알아내고자 하는 방법 내지 이론이다. 특정 문화를 이해하는 과정의 기록으로서 문화에 내재된 사고와 행동의 패턴 내지 체제를 발견하는데 초점이 있는 문화기술적 연구(ethnography)에 비하여, 민속방법론은 어떤 집단이 사회 속에서 상호작용을 하는데 사용하는 전략과 그 역학 내지 언어분석과 같은 미시적 현상에 관심이 크다. 그래서 문화기술적 연구가 주로 인류학자에 의해 발전해온 반면, 민속방법론은 사회학자들에 의해 미시적 연구방법으로 발전해온 경향이 있다.

철학적 생각 거리

부록 1

철학적 생각 거리에서는
'나'의 삶에 대하여 사색할 수 있는
12가지 주제를 간략히 설명해주고
메모할 수 있는 칸을 제공하였다.

주제 1 '내'가 대학에 입학한 이유?

질문의 배경

오늘날 한국에서는 경제력만 있으면 누구나 대학생이 될 수 있다. 단지, "입학하는 대학이 어떤 대학인지?", "대학의 위치가 어디에 있는가?"에서만 차이가 날 뿐이나. 이러한 상황에서, 우리 대학생들은 "왜 대학에 왔어?"라는 질문을 받을 때, 그 이유를 자신의 삶과 인생설계를 근거로 밝히지 못하는 경우가 있다. "남들이 대학에 가기에, '나'도 입학하였다."는 식으로 답변하는 경우가 많다. 그러나 대학에 들어온 이상, "대학졸업 후 어떻게 살 것인지?", 그러기 위해서 "대학에 다니는 동안 무엇을 배우고 어떤 준비를 해야 하는가?"를 생각해 볼 필요가 있다. 대학 생활은 한번 뿐이며 반복되기 힘들기 때문이다.

✎ '내'가 대학에 입학한 이유?

주제 2 '지식'이란 무엇인가?

질문의 배경

약 30년 동안 여러 대학에서 학생들을 가르쳐오며, "나는 무식하다!"라고 스스로 생각하는 학생이 많음을 공통적으로 발견하였다. 그 이유는 "영어단어 암기를 잘 못해서", "수학을 못해서", "상식이 없어서" 등 이유가 다양하였다. 그렇다면 "교수는 유식하고, 나물을 파는 할머니는 무식한지?", "박사는 유식하고, 초등학교만 졸업한 내 부모는 무식한지?" 지식이 무엇이고, 지식이 어떻게 학습되는가를 생각해 볼 필요가 있다. 지식이 무엇이냐에 따라서 삶과 교육을 대하는 태도는 달라져야 할 것이다.

✎ '지식'이란 무엇인가?

주제 3 '효도'를 꼭 해야만 하나?

질문의 배경

효(孝)는 우리나라가 자랑하는 전통 중 하나이다. 그러나 복지제도가 살 갖춰진 서구 학자의 입장에서 보면, 효도는 강요된 구습이고, 복지가 미확립된 사회에서 개인의 자유를 침해하는 관습이라고 볼 수도 있다. 이러한 관점이 아니더라도, "지금 내가 효도를 하고 있는지?", "결혼 후 (시)부모를 모시고 살 것인지?", "내가 생각하는 효도란 어떠한 것인가?" 등을 생각해 볼 필요가 있다. 나와 부모의 관계는 근본적인 인간관계로서 중요하지만, '나'는 내 삶을 살아가고 싶은 바람도 갖고 있기 때문이다.

✎ '효도'를 꼭 해야만 하나?

주제 4 '내가 존경하는 분'은 누구인가?

질문의 배경

삶을 살아가며 마음속에 진심으로 존경하는 인간상을 지닐 수 있는 사람은 행복한 사람이다. 왜냐하면 정신적 지주인 멘토(mentor)를 지니는 것은 삶을 적극적으로 살아나가는 원천이 될 수 있고, 뚜렷한 가치관을 지니는 바탕이 될 수 있으며, 주체성이 뚜렷한 인격을 확립하는 토대가 될 수 있기 때문이다. 이런 까닭에, "내가 존경하는 분이 누구이고, 그를 왜 존경하는가?"를 깊이 생각해 볼 필요가 있다.

✎ '내가 존경하는 분'은 누구인가?

주제 5 '내'가 되고 싶은 부모상?

질문의 배경

청소년들은 성(性)과 결혼이란 말에는 익숙하지만, 공부에 시달리며 "부모가 되는 것이 무엇인가?"에 대하여 깊게 생각해 볼 기회를 가질 수 없었다. 그래서인지 우리 사회에서는 1년에 수십만 건의 낙태가 이뤄지고 있고 또한 수십만 쌍의 부부가 자녀의 행복을 먼 안목에서 고려함이 없이 이혼하고 있다. 이런 세태 속에서, '내가 되고 싶은 부모상'을 깊게 생각해볼 필요가 있다.

✎ '내'가 되고 싶은 부모상?

주제 6 '나'의 교육계획과 인생설계?

질문의 배경

"나는 장기적인 인생설계를 갖고 있는지?" "현재의 삶에 고달프게 끌려가며 목표 없이 살고 있는 것은 아닌지?" "나의 인생목표를 달성하기 위해, 지금 무엇을 먼저 해야 하는지?" 가끔 생각해 볼 필요가 있다. 왜냐하면 인생은 오직 한 번뿐이며, 한 번뿐인 인생을 후회 없이 살아야 하기 때문이다. 그래서 내 삶의 목표를 달성하기 위하여, '나'의 부족한 면을 하나씩 채워나가는 삶을 지금 살아갈 필요가 있으며, 이 관점에서 '나'의 교육계획과 인생설계를 구체적으로 세워둘 필요가 있다.

✎ **'나'의 교육계획과 인생설계?**

주제 7 사랑과 성은 '나'에게 어떤 의미인가?

질문의 배경

프로이트에 의하면 사람의 원초적 본능은, 사랑의 충동인 에로스(eros)와 죽음과 파괴의 충동인 타나토스(thanatos)이다. 이 가운데 에로스의 대표적 표현방식은 사랑과 성(sex)이지만, 이것은 사회 규범상 무제한 허용되지 않는다. 그래서 우리는 동물적 존재 겸 사회적 존재로서 성과 사랑에 대하여 생각해볼 필요가 있다. 『어린왕자』에서 여우가 말했듯이, 사랑은 '서로 바라보는 것'이 아니라 '함께 같은 쪽을 바라보는 것'인지? 그리고 "사랑과 성은 어떠한 관계에 있는가?"를 생각해볼 필요가 있다.

✎ 사랑과 성은 '나'에게 어떤 의미인가?

주제 8 꼭 착하게 살아야 하나?

질문의 배경

부모님과 선생님은 자녀/학생에게 착하게 살기를 권한다. 착하다는 것은 대체로 부모님과 선생님의 말씀을 잘 따르는 것을 의미한다. 그러나 '나'는 나의 생각이 있고 나의 바람도 있기 때문에, 부모님과 선생님들이 중요하다고 강조하는 말씀을 따를 수 없는 경우가 있다. 그렇다면 나는 '착한 자식/학생이란 평판'과 '내가 하고 싶은 대로 사는 것' 가운데 어떠한 선택을 할 것인가를 생각해 볼 필요가 있다.

✎ 꼭 착하게 살아야 하나?

주제 9 자유란 무엇인가?

질문의 배경

사람들은 누구나 자유롭게 살고 싶어 한다. 자기 생각대로 말하고 행동하고 싶어 한다. 그러나 사람들은 항상 자기가 하고 싶은 대로 하면서 살 수는 없다. 절대 권력을 지녔던 왕이나 큰 권력을 지니고 있는 대통령도 자기가 하고 싶은 대로 말하거나 행동하면 비난을 받는다. 그래서 우리는 삶과 행동의 기준과 관련하여, '자유의 의미'와 '자유로운 삶'에 대하여 생각해 볼 필요가 있다.

✎ 자유란 무엇인가?

주제 10 행복이란 무엇인가?

질문의 배경

사람은 누구나 행복하기를 원한다. '하고 싶은 것'을 하고 '되고 싶은 것'이 이루어지면 행복해질 것이라 생각한다. 그렇지만 실제로 행복은 일시적인 것이며 영구적인 것은 아니다. 왜냐하면 행복이란 대체로 고통이나 불만이 없는 상태를 말하며, 사람의 욕망이란 충족되면 다른 욕망이 일어나기 때문이다. 그래서 우리는 "행복이 무엇인가?"와 "행복을 추구하는 나의 삶이 어떠해야 하는가?"에 대하여 생각해볼 필요가 있다.

✎ 행복이란 무엇인가?

주제 11 종교는 '나'에게 어떤 의미인가?

질문의 배경

종교는 인간 삶을 풍요롭게 해주고, 정신적 안정을 이끌어온 경향이 있다. 각각의 종교는 사람들에게 그 종교에서 지향하는 가르침을 제각기 제시해온 경향이 있다. 그렇지만 종교의 종류가 다양한 까닭에, 각 종교가 지향하는 가르침이 일치하지는 않는다. 그 가르침이 이질적이고 간혹 대립적인 경우도 있다. 그렇다면 다문화, 다종교 사회에서 우리는 종교가 '나'에게 어떤 의의(의미와 가치)가 있는가를 생각해볼 필요가 있다.

✎ '나'에게 종교는 어떤 의미인가?

주제 12 '나'는 죽기 전에 무엇을 이루어야 하나?

질문의 배경

죽음을 생각해보는 것은, '지금' '이곳'에서의 '나'의 삶을 보다 성실하게 사는 동기를 부여해 줄 수 있다. 사람들은 죽음을 피할 수 없으며, '나' 역시 시기가 문제일 뿐 죽음을 피할 수 없기 때문이다. 그래서 '내'가 죽음을 맞이하기 전에, '가족을 위하여 꼭 하고 싶은 일들'과 '내 삶에서 꼭 이루어보고자 하는 일들'을 생각해볼 필요가 있다. '나'의 삶은 한번밖에 없으며 누구도 대신해 줄 수 없는 소중한 것이기 때문이다.

✎ 죽음에 이르기 전에, '나'는 무엇을 이루어야 하는가?

논리적 표현 방법

부록 2

현대 사회에서는 자신의 생각을
논리적으로 표현하는 능력이 중요하다.
현대인의 성공과 실패, 행복과 불행은
자신의 생각을 타인에게 전하는
표현력에 의해 좌우되는 경우가 많다.

주제 1 논리에 대한 개념적 이해

【논리】

국립국어원의 표준국어대사전에 따르면, '논리'(論理, logic)란 "말이나 글에서 사고나 추리 따위를 이치에 맞게 이끌어 가는 과정이나 원리"를 의미한다. 생각을 하거나 말을 하거나 글을 쓰는 데 있어서, 논리는 꼭 필요하고 매우 중요하다. 말이나 글에 논리가 부족하면, 내용의 앞뒤가 맞지 않거나 비약하게 되고 모순이 일어나게 된다. 그래서 '논리적'이란 말은 '타당한', '모순 없는', '이치에 맞는', '합리적인' 등의 복합적인 의미를 지닌다.

위와 같은 '논리'는 현대인의 사회생활과 관련된 매우 중요한 철학의 한 분야이다. 현대 철학의 중요한 한 가지 과제는 인간의 생각과 언어의 관계를 분석하는 것에 있기 때문이다. 현대인의 성공과 실패, 행복과 불행은 자신의 생각을 타인에게 말과 글로 논리적으로 전달하는 표현력에 의해 좌우되는 경향이 있다. 이처럼 논리적 표현력이 중요함에도 불구하고, 인간의 사고와 행동은 감정에 의해서 지배당하는 경우와 같이 비논리적인 면이 많음을 직시하여 논리의 필요성을 인식하여야 하겠다.

【연역법과 귀납법】

대화를 나누거나 글을 쓸 때, 자신의 주장을 논리적으로 증명하는 방법인 논증법을 사용하는 것이 바람직하다. 대표적인 논증법으로는 연역법과 귀납법이 있다. 이 연역법과 귀납법은 어떠한 판단을 근거로 삼아 다른 판단을 이끌어 내는 추론의 방법이기에, 연역적 추론과 귀납적 추론이라고 설명되기도 한다.

연역법은 연역적 논리(deductive logic)를 따른다. 즉, 일반적 사실이나 원리를 전제로 하여 개별적이며 특수한 사실이나 원리를 이끌어내는 추리를 한다. 대표적인 연역법으로는 '삼단 논법'(sylllogism)이 있다. 삼단 논법은 두 개의 전제와 하나의 결론, 즉 삼단으로 이루어졌기 때문에, 그 이름을 삼단 논법이라고 부르는 것이다. 이처럼 세 개의 판단으로 이루어진 삼단 논법은 대전제, 소전제, 결론의 순서로 전개된다. 아래와 같이, 일반적 사실이나 원리인 대전제로부터 소전제를 제시한 후 결론을 이끌어내는 것이다:

> 모든 생물은 죽음을 피할 수 없다. (대전제)
> 사람은 생물이다. (소전제)
> 그러므로, 사람은 죽음을 피할 수 없다. (결론)

위와는 반대로, 구체적인 사실들로부터 일반적인 법칙이나 원리를 이끌어내는 귀납법이 있다. 귀납법은 귀납적 논리(Inductive logic)를 따른다. 즉, 아래와 같이 개별적인 사실이나 원리를 전제로 하여 일반적인 사실이나 원리를 결론으로 이끌어낸다:

> 개미는 죽는다. 파리도 죽는다. 메뚜기도 죽는다.
> 개미는 곤충이다. 파리도 곤충이다. 메뚜기도 곤충이다.
> 따라서, 곤충은 모두 죽는다.

학술적인 문제를 탐구하는 데 있어서, 연역법은 기존의 일반적인 이론들을 근거로 하여 어떤 가설을 세운 후, 그 가설이 맞는지 틀리는지를 검증하는 것을 통해서, 가설에서 제시한 특수한 사실이나 원리를 이끌어내는 추리를 한다. 한편, 귀납법은 기존의 일반적인 이론에 의

존하지 않고 실제 자료나 사실을 근거로 하여, 일반적인 사실이나 원리를 결론으로 이끌어 낸다. 따라서 연역법은 이론 중심적인 경향이 있고, 귀납법은 현상 중심적인 경향이 있다.

【오류와 거짓】

오류(fallacy)란 비논리적인 추리를 말한다. 글을 쓰거나 말을 할 때, 논리적 규칙에 소홀하면, 바르지 못한 추리인 오류가 일어나게 된다. 오류는 문장이나 말이 그럴 듯하지만, 논리적으로 따져 보면 타당하지 못하여 결론을 뒷받침한 근거가 잘못 제시된 것을 말한다. 글을 쓰거나 말을 하는 사람이 의식적으로 의도하지 않았으나, 논리가 부족하기에 오류를 범하게 되는 것이다.

이와 같은 오류는 거짓과 혼돈되기 쉽지만, 거짓과 오류는 다른 것이다. 거짓은 남을 속이려고 일부러 저지른 잘못된 것, 즉 정직하지 못한 그릇된 것이지만, 오류는 옳다고 믿고 한 실수, 즉 정직한 틀린 추리이다. 그래서 오류는 모든 종류의 잘못된 표현과 생각을 나타내는 것이 아니라, 추론상의 잘못을 말한다. 잘못된 근거를 토대로 주장을 전개하여 오류를 범하게 되는 것이다. 오류의 종류는 형식과 내용 측면에서 매우 다양하다.

【탐구 과제】

1. 오류의 종류에는 무엇이 있는가?
2. '내'가 쓴 글에서 오류 찾아보기

주제 2 논리적으로 글쓰기

글을 논리적으로 쓰기 위해선, 글의 주제에 대한 자신의 생각부터 먼저 세워야 한다. 주제에 대한 논점과 글의 전개 방향 등 '글의 설계'부터 명확하게 세워야 글을 논리적으로 쓸 수 있다. 글의 주제에 대한 관점과 생각이 잡히면, 글을 논리적으로 쓰기 위해서 다음과 같은 몇 가지 사항에 주의하여야 한다.

첫째, 각각의 문장 내용이 물이 흐르듯이 매끄럽게 연결되어야 하고, 각 단락의 내용도 매끄럽게 연결되어야 한다. 이것은 논리의 비약을 피하기 위해서 필요하다. 만약, 문장 연결이 자연스럽지 못한 부분이 확인되면, 이를 보완할 수 있도록 '연결사'나 '연결용 문장'을 써넣어, 단락과 단락 혹은 문장과 문장의 내용을 잘 연결해 주어야 한다. 서론에서 본론으로, 본론에서 결론으로 넘어가는 매개적인 문장도 있어야 바람직하다. 그러하기에 글을 논리적으로 쓰기 위해서는, 글의 흐름을 갑작스럽게 바꾸는 접속사, 즉 '그런데', '어쨌든', '그건 그렇고', '아무튼'과 같은 말은 피해야 한다. 이러한 접속사들은 지금까지 서술해 온 논지를 갑자기 중단하거나 바꾸는 말이기에 사용을 피해야 하는 것이다.

둘째, 용어의 선택에 신중해야 하고, 의미가 모호한 용어를 사용하지 말아야 하며, 필요 없는 수식어와 관형사를 가급적 사용하지 말아야 한다. 어려운 용어를 사용한 글이 좋은 문장이 아니며, 쉬운 용어를 사용하여 쉽게 쓴 글이 좋은 글이다. 따라서 글을 논리적으로 쓰기 위해서는, 화려한 문학적인 용어와 미적 표현을 위한 수사법을 구사할 필요가 없다. 그보다는, 자신의 생각을 명확하게 전달하는 짧은 문장을 쓰는 습관을 길러주어야 한다. 또한 영어와 한자 등 외국어는 한글을 먼저 쓰고 ( ) 속에 써 주어야 하고, 외국어 표현의 사용도 자제해야 한다. 그래서 '바겐세일'은 '할인 판매', '비전'은 '전망', '브랜드'는 '상표'로 써 주는 것이 바람직하다.

셋째, 위와 같이 필요 없는 수식어를 없애고 내용이 쉽게 글을 쓰면, 자연히 문장의 길이가 줄어들고, 내용이 바뀌게 될 때마다 문단을 나누게 된다. 문단 나누기를 통하여 글의 외적인 구조가 나타나게 되는 것이다. 이러한 측면에서, 글쓰기에 있어서 문단 나누기가 중요하며, 문단 나누기를 제대로 하지 않으면, 글의 전체적인 논리를 이해하기 힘들다. 또한, 같은 관점에서, 논리적으로 글을 쓰기 위해서는 문장 부호의 사용에 능숙해야 한다. 예를 들면, 주어가 너무 길 경우와 부사절 다음에는 쉼표(,)를 써주고, 중요한 단어나 구에는 홑따옴표(' ')를 써주며, 다른 사람의 말을 그대로 인용했을 경우에는 겹 따옴표(" ")를 써준다. 특히, 문장 내용의 흐름을 조절해 주고, 수식어의 수식 범위를 정해주는 쉼표(,)의 사용을 잘 하는 것이 필요하다.

이밖에도 글을 논리적으로 쓸 때 주의해야 할 사항을 내용 측면에서 항목별로 제시해 보면 다음과 같다:

1) 논리의 체계적인 전개

글을 서론, 본론, 결론의 형식으로 쓴다면, 서론에서는 주제의 중요성과 필요성 등을 제기해야 하며, 서론에서부터 글의 쟁점을 부각시켜주어야 한다. 구체적으로 말해서, 글의 핵심적인 주제가 무엇인가를 명확하게 밝혀주어야 한다. 이어서, 본론에서는 주제에 대한 '나'의 관점과 그 근거를 논리적으로 제시해야 하고, 결론에서는 주제에 대한 나의 판단, 미래의 전망, 우리의 과제 등을 제시해주는 것이 보통이다.

이와 같이, 객관적인 근거에 입각하여 결론을 이끌어내는 '추론'을 해나가며, 논의하고자 하는 주제에 적합하게 '연역적 추론'을 하거나 '귀납적 추론'을 할 수 있다. 또한 어떠한 추론을 하거나 상관없이, '나'의 주장을 논리적으로 증명하기 위해서, 남의 글이나 이론을 빌려 와서 나의 주장을 뒷받침하는 '인용'을 하거나, 구체적인 사실을 예로 들어주는 '예시'를 하거나, 제시한 근거들 사이의 공통점이나 차이점을 분석해주는 '비교'나 '대조'를 하거나, 추가로 덧붙여 설명하는 '부연' 등을 문맥에 맞게 해주어야 한다. 특히, 결론에서는 주제에 대한 글쓴이의 주장이 분명하게 드러나게 글을 써주어야, 논리의 완성도를 높일 수 있다.

2) 첫 문장과 첫 단락의 중요성

글의 처음을 어떻게 시작할 것인지 고민하는 경우가 많다. 이런 경우에는, 글의 주제에 대한 자신의 경험을 돌아보며 다른 사람에게 말로써 짧게 설명해 준다고 잠시 상상해 볼 필요가 있다. 추상적인 주제에 대하여 글을 쓰는 경우에도, '내'가 실제로 경험한 내용에 근거하여 논의를 시작하는 것이 바람직하다. 이어서, 서론에서는 주제의 중요성과 쟁점 등을 구체적으로 소개하는 경우가 보통이다. 이처럼, 글의 시작은 추상적인 내용보다는 구체적인 사실에 근거하여 시작하는 것이 바람직하다. 누구나 알고 있거나 공감할 수 있는 내용을 제시해줄 수 있다면 보다 바람직하다. 이와 관련하여, 논의의 대상인 주제어가 생소하거나 의미가 다양할 경우에는, 주제어의 의미를 명확하게 설명해 주는 '용어 정의'를 해주어야 한다.

3) 글 전체의 외적인 통일성

각각의 장과 절의 제목은 외적으로 통일성을 유지하며 이어지는 체계를 갖추어야 바람직하고, 또한 각각의 단락들 역시 내용이 이어지며 길이와 형식이 비슷하다면 이상적이라고 할 수 있다. 예를 들면, 교육권을 주제로 글을 쓸 때, 각각의 절 제목은 '학생의 교육권', '교사의 교육권', '학교의 교육권', '학부모의 교육권', '사회의 교육권', '국가의 교육권'과 같이 외적으로 표현이 통일성이 있는 가운데, 내용의 전개도 각 절마다 '의미', '실태', '발전 과제'와 같이 통일성이 있으면 바람직하다.

4) 비문의 회피

논리적인 글을 쓰는 사람은 문법에 맞지 않는 비문을 사용하지 말아야 한다. 문장의 구성 성분 (주어, 목적어, 서술어 등) 가운데 어느 하나가 빠져 있거나, 동사의 유형에 맞지 않는 문장의 사용을 피해야 한다. 국어에서는 흔히 주어와 목적어를 습관적으로 생략하는 경우가 많기 때문이다. 그래서 논리적인 글을 쓸 때는 주어가 생략되어 의미가 불명확한 비문이 있는가를 검토하여야 한다. 비슷한 관점에서, 논리적인 글에서는 줄임말을 사용하지 않는다. '했다'보다는 '하였다'로 써주어야 하고, '겨울엔'은 '겨울에는'으로 써주어야 하며, '이건'은 '이것은'으로 써주어야 하고, '할 거라고'는 '할 것이라고'로 써주어야 하며, '할 게'는 '할 것이'로 써주어야 하고, '관점에선'은 '관점에서는'으로 써주어야 한다.

5) 한 문단 안에서의 접속어 사용 자제

하나의 문단 안에서는 접속어를 자주 쓰지 말고, 문장과 문장을 내용을 중심으로 자연스럽게 이어가는 것이 바람직하다. 접속어는 문단 내용을 마무리 하는 측면에서, 문단의 마지막 문장 앞에서 '따라서', '그러므로' 등을 한 번 정도 사용해 주는 것이 바람직하며, 하나의 문단 안에서 접속어를 자주 사용하면 문장의 연결이 부자연스럽게 느껴질 수 있다.

6) 감정적인 용어와 표현의 회피

논리적인 글을 쓰는데 있어서, 감정적인 용어는 삭제하는 것이 바람직하며, 합리적인 용어를 선택하여 생각을 이성적으로 표현해야 한다. 예를 들면, 일본 제국주의를 논하며 일본인 모두를 비하하는 표현을 쓰거나, '나'와 반대되는 생각을 지닌 사람들을 모두 무시하는 감정적인 접근을 하는 것은 논리적인 접근이 아니다. 주제를 엄밀히 따져가며 논의를 냉정하게 전개하여야 한다. 예를 들면, 오늘날 일본의 일부 정치가들이 독도의 영유권을 주장하거나 중국이 동북공정을 추진하여 한반도 역사를 왜곡하는 것에 대하여, 감정적인 표현을 자제하고 이들 주장의 비논리성을 자료를 중심으로 밝히는 방식으로 논의를 전개하여야 한다.

7) 단정적인 용어와 표현의 회피

논증은 '나'의 주장에 대한 근거를 객관적으로 제시하고, 주장을 논리적으로 전개하여야 한다. 그러하기에 주장을 전개하는 데 있어서, '나'와는 다른 생각을 지닌 사람들의 입장에서 제시될 수 있는 반론과 근거를 고려하여 단정적인 용어와 표현을 피하는 것이 바람직하다. 예를 들면, '가장', '완전히', '완벽하게', '최고로', '절대로', '언제나', '반드시' 등과 같은 용어는 논리에 부정적인 용어들이다. 이러한 단정적인 용어를 사용하면, 논리의 비약이나 모순과 마주치게 되는 경우가 많다.

8) 동일한 용어와 내용의 반복 회피

글을 쓰고 논의를 전개할 때, 동일한 서술어를 반복하거나, 앞에서 논의된 내용을 몇 차례씩 반복해주는 경우가 흔하다. 이러한 글쓰기를 줄일 수 있도록, 자신이 습관적으로 자주 사용하는 단어와 서술어를 파악하여, 이를 다른 말로 바꾸어주는 연습을 평소에 자주 하여야 한다.

【탐구 과제】

1. '내'가 쓴 글을 분석하여 자주 사용하는 명사 찾아보기
2. '내'가 쓴 글을 분석하여 자주 사용하는 서술어 찾아보기
3. '내'가 쓴 글을 분석하여 오류의 사례 찾아보기
4. '내'가 쓴 글을 분석하여 개선 과제를 정리하기

주제 3 논리적으로 말하기

말을 논리적으로 하는 것은 글을 논리적으로 쓰는 것과 크게 다르지 않다. 글을 논리적으로 쓰기 위해서 주의해야 할 사항들이 말하기에도 대체로 적용된다. 다만, 말하기는 글쓰기에 비해서 답변을 준비할 시간적 여유가 적고 사고의 순발력이 요구되기 때문에, 다음과 같은 평상시 준비가 필요하다:

첫째, 주제에 대하여 자신의 생각을 정리한 후, 여러 문장을 논리적으로 연결하여 말하는 연습을 반복해서 할 필요가 있다.

둘째, 논리적인 사고의 순발력을 강화할 수 있도록, 다른 사람의 대화나 강의를 들을 때, 내용을 분석하는 연습이 필요하다.

셋째, 질문을 평소 자주 하고, 자신의 질문과 상대방의 답변에 대하여 스스로 논리적인 분석을 하는 연습이 필요하다.

넷째, 글쓰기에 있어서 연역적 추론이나 귀납적 추론을 하는 것처럼, 말하기에서도 내가 말할 내용의 전개를 추론해보는 것이 필요하다.

다섯째, 나의 주장과 관련하여, 다른 사람들을 잘 설득할 수 있는 적합한 근거를 찾아보는 연습이 필요하다.

여섯째, 자신의 생각을 요점 중심으로 정확하게 상대방의 감정을 상하지 않고 전달하는 표현력을 평소 길러주어야 한다. 왜냐하면 나와 다른 생각을 갖고 있는 사람들이 나의 말을 들으며 생각을 바꿀 수 있어야 나의 말하기에 논리가 있다고 볼 수 있기 때문이다.

끝으로, 말하기는 말하는 내용과 방식은 물론이거니와, 말하는 사람의 복장, 표정, 자세도 말하기에 큰 영향을 미치고 있음을 이해할 필요가 있다. 이와 관련하여, 면접과 같은 구두시험에서는 말하는 내용의 논리와 함께, 전문적인 지식과 상식, 인사와 같은 예의범절, 정확한 발음, 밝은 표정, 겸손한 자세, 단정한 옷차림 등이 영향을 미치고 있음을 이해할 필요가 있다.

이상과 같은 논리적으로 말하기의 실천과 관련하여, 집단 면접과 개별 면접에 대한 주요 사항을 참고자료로 제시해 보면 다음과 같다.

【집단 면접】

(개요)

1. 집단 면접은 보통 3-5명의 응시자가 한 조를 이루어 진행됨
2. 면접 시간은 약 20분 정도가 소요됨

3. 응시자별로 개별적인 질문도 있으나, 대체로 동일한 질문을 왼쪽부터 혹은 오른쪽부터 번갈아가며 하며, 응시자들의 답변을 비교하여 평가함

(집단 면접에서 논리적으로 말하기)

1. 제시된 질문에 대하여 자신의 생각을 간결하고 설득력 있게 논리적으로 표현해야 함
2. 면접관과 다른 응시자의 말을 주의 깊게 듣고, 다른 응시자의 어떠한 의견에도 무시하는 것과 같은 감정적인 표현을 하지 말아야 함
3. 다른 응시자의 말에 반론을 제기하거나 질문을 할 때, 예의를 표정, 태도, 언어에서 갖추어야 함
4. 다른 응시자들의 의견을 종합하여, 여기에 자기 의견을 새롭게 추가하면 좋은 평가를 받을 수 있음
5. 질문에 대한 답변을 모를 때, "모르겠습니다."와 같이 응답하기보다는 "~라고 생각합니다."와 같이 최선을 다하여 성실하게 답변해야 함

【개별 면접】

(개요)

1. 면접 시간은 10분 이상 진행됨
2. 응시자의 개별적 능력과 특성을 파악해내는 데 초점이 있음
3. 면접 문항을 미리 출제하여 응시자가 제비뽑기 식으로 선택하게 하는 경우가 있음

(개별 면접에서 논리적으로 말하기)

1. 제시된 질문에 대하여 자신의 생각을 간결하고 설득력 있게 논리적으로 표현해야 함
2. 면접관의 질문의 초점을 주의 깊게 파악하고, 예의를 표정, 태도, 언어에서 갖추어 답변해야 함
3. 전문 지식에 대한 질문에서는 정답이 있음. 그렇지만 응시자의 자질이나 품성 등을 평가하는 질문에서는, 집단 면접에서보다도 자신의 생각과 능력을 논리적으로 답변하는 것이 중요함
4. 응시자가 질문에 답변을 못할 경우에 면접관이 보조 질문을 하여 답변을 유도하지만, 이러한 경우가 반복 되면 평가에 영향을 받기에, 어떠한 질문에 대하여도 차분하게 자신의 생각을 논리적으로 전개하여 답변해야 함

【탐구 과제】

* '내'가 말하는 모습을 휴대폰으로 촬영하여 개선과제 찾기:
1. '나'의 말에서 자주 일어나는 비논리적인 오류를 찾아보기
2. '나'의 말에서 자주 나온 단어나 발음('어', '음')을 찾아보기
3. 목소리 크기와 발음의 정확성 측면에서 개선과제 찾아보기
4. 표정, 시선, 자세(어깨, 손, 발) 측면에서 개선과제 찾아보기

참고문헌

이 책을 쓰면서 인용했거나 참고한 문헌은 다음과 같다. 대학 1학년 교양과목 수강자들을 위하여 본문 내용을 가능한 쉽게 쓰며 각주를 줄이고자 노력하였으나, 보다 깊이 있는 내용을 읽고 싶은 독자들을 위하여 아래와 같이 참고문헌을 밝힌다.

제1부 현대 한국사회의 특징

1장 프롤로그: 삶과 철학

김남주, 『조국은 하나다』, 서울: 실천문학사, 1987.
김용옥, 『사랑하지 말자』, 서울: 통나무, 2012.
염미경, 대학 다문화교육과 대학생들의 다문화 인식: 다문화이해 관련 교양 강좌 수강생들을 중심으로, 『한국사회와 다문화』, 2(1), 푸른길, 2012, 211-233쪽.
최봉영, 『한국인에게 나는 누구인가』, 파주: 지식산업사. 2012.

2장 새롭고 급격한 변화의 가속화

김영기, 정보기술의 진화와 인간관계망의 변화, 경성대 인문과학연구소, 『인문학논총』, 26, 2011, 165-184쪽.
대한민국 관계 부처 합동, 『지능정보사회 중장기 종합대책』, 2016.
유네스코한국위원회 · 한국평생교육기구 편, 『평생교육의 기초와 체제』, 서울: 법문사, 1983.
조정호, 정보화 시대에서의 학교개선방안, 단국대학교 사회교육원, 『정교사 자격연수』, 2002.
조정호, 지식정보화 시대의 비전, 여의도 순복음교회, 굿피플대학 강연자료, 2003.
허운나, 『정보공학과 교육』, 서울: 배영사, 1993.
Dave, R. H., Foundations of lifelong education: some methodological aspects, R. H. Dave (Ed.), *Foundations of Lifelong Education*, UNESCO Institute

for Education, Paris: Pergamon Press, 1978, pp. 51-52.
Isaacson, W., Steve Jobs, 안진환 역, 『스티브 잡스』, 서울: 민음사, 2011.
Jarvis, P., *An International Dictionary of Adult and Continuing Education*, New York: Routledge, 1990.
Toffler, A., *Future Shock*, New York: Bantam Books, 1971.
Toffler, A., *The Third Wave,* New York: Bantam Books, 1981.
구글 자회사인 딥마인드 홈페이지(DeepMind, https://deepmind.com)
세계경제포럼 홈페이지(WEF, https://www.weforum.org)

3장 전통, 근대, 탈근대의 혼존

이계학, 『인격교육론』, 서울: 성원사, 1991.
이재준, 『우리는 왜 주희인가?』, 파주: 한국학술정보, 2007.
최봉영, 『본과 보기 문화이론』, 서울: 지식산업사, 2002.
필자들의 수집 자료

4장 계층, 지역, 세대 간 대립 및 공존

김보영, 양극화와 전환기의 한국 사회: 시민정치에 대한 한 제언, 참여연대참여사회연구소, 『시민과 세계』, 16, 2009, 84-102쪽.
김신일, 『교육사회학』, 서울: 교육과학사, 1986.
박영신 편, 『사회학 연구』, 서울: 대영사, 1984.
서문기, 한국의 사회갈등 구조 연구: 갈등해결 시스템을 모색하며, 한국사회학회, 『한국사회학』, 38(6), 2004, 195-218쪽.
세종특별자치시 홈페이지(www.sejong.go.kr).
안토니 기든스, 『비판 사회학』, 박영신 · 한상진 공역, 서울: 도서출판 현상과 인식, 1991.
우석훈 · 박권일, 『88만원 세대: 절망의 시대에 쓰는 희망의 경제학』, 서울: 레디앙 미디어, 2007.
최봉영, 『한국인에게 나는 누구인가』, 파주: 지식산업사, 2012.
최준영, 지역감정은 존재하는가?: 지역감정에 대한 간접측정 기법을 중심으로, 서강대학교 현대정치연구소, 『현대정치연구』, 창간호, 2008, 199-218쪽.
통계청 홈페이지(www.kostat.go.kr)
Apple, M. W., *Cultural and Economic Reproduction in Education: Essays on Class,*

Ideology and the State, London: Routledge & Kegan Paul Ltd., 1982.
Sharp, R. & Green, A., *Education and Social Control: A Study in Progressive Primary Education*, London: Routledge & Kegan Paul Ltd., 1975.

제2부 동양 전통철학의 교훈

5장 한국 고유철학의 교훈

김용옥, 『노자와 21세기(上)』, 서울: 통나무, 1999.
김인회 외, 『고대무속종교의 교육철학』, 성남: 한국정신문화연구원, 1981.
김인회, 『무속사상의 인간관과 현대교육적 의미』, 한국의 전통교육사상, 성남 : 한국정신문화연구원, 1983.
단군학회, 『단군과 고조선 연구』, 서울: 지식산업사, 2005.
대한민국 관계 부처 합동, 『지능정보사회 중장기 종합대책』, 2016.
법무부 출입국 · 외국인정책본부 이민정보과, 『2015 출입국 · 외국인정책 통계연보』, 2016.
신영복, 『강의』, 파주: 돌베개, 2004.
양영자, 분단-다문화시대 교육 이념으로서의 민족주의와 다문화주의의 양립가능성 모색, 한국교육과정학회, 『교육과정연구』, 25(3), 2007, 23-48쪽.
유승국, 『동양철학연구』, 서울: 근역서재, 1983.
이계학, 단군신화의 교육학적 고찰, 『사회구조와 사회사상』, 서울: 심설당, 1986.
이계학, 홍익인간의 이념과 인간교육, 단군학회, 『홍익인간 이념과 21세기 한국』, 1999, 27-40쪽.
이계학, 홍익인간의 이념과 인간교육, 단군학회, 『단군학연구』, 2000, 267-290쪽.
정영훈, 한국인의 정체성과 홍익인간이념, 단군학회, 『단군학연구』, 2002, 145-169쪽.
정영희, 화랑도에 관한 교육학적 고찰, 한국정신문화연구원 한국학대학원 석사학위논문, 1992.
조정호, 한국의 무속, 한국도교학회, 『동북아시아와 도교문화』, 한국도교학회 국제학술대회, 2005.
조정호, 전통문화의 전승과제 탐색, 한국교육인류학회, 『교육인류학연구』, 10(1), 2007, 217-241쪽.
최봉영, 『주체와 욕망』, 서울: 사계절, 2000.

최봉영, 『21세기와 문화디자인』, 『문화와 사람』, 사계절, 2000.
최봉영, 『한국인의 윤리적 심성』, 한국철학회, 『철학』, 2006, 254-274쪽.
Cox, H., *Fire from Heaven: The Rise of Pentecostal Spirituality and the Reshaping of Religion in the Twenty-first Century*, Massachusetts: Addison- Wesley, 1995, 유지황 역, 『영성·음악·여성: 21세기 종교와 성령운동』, 서울: 동연, 1998.
Joh, J., A dilemma in moral education in the Republic of Korea: the limitation of individualistic cognitive approaches, *Journal of Moral Education, 31*, 2002, pp. 393-406.
국사편찬위원회 우리역사넷 홈페이지(http://contents.history.go.kr)
통계청 국가통계포털(www.kosis.kr)

6장 유가의 교훈

논어(論語)
대학(大學)
맹자(孟子)
사기(史記)
삼국사기(三國史記)
삼국유사(三國遺事)
성학십도(聖學十圖)
성학집요(聖學輯要)
소학(小學)
순자(荀子)
예기(禮記)
주자가례(朱子家禮)
중용(中庸)
효경(孝經)
김성태, 『경(敬)과 주의(注意)』, 서울: 고려대학교 출판부, 1989.
김승혜, 『원시유교: 논어, 맹자, 순자에 대한 해석학적 접근』, 서울: 민음사, 1990.
볼노우, O. F., 『실존철학이란 무엇인가』, 최동희 역, 서울: 서문당, 1977.
성백효 역, 『동몽선습·격몽요결』, 서울: 전통문화연구회, 1992.
유승국, 『동양철학연구』, 서울: 근역서재, 1983.
유승국, 『한국사상과 현대』, 서울: 동방학술연구원, 1988.

이계학, 인간발달의 최종상태에 관한 고찰, 『동대논총』, 9, 서울: 동덕여자대학, 1979.
이계학 외, 『한국인의 전통가정교육사상』, 성남: 한국정신문화연구원, 1993.
이광세, 『동양과 서양 두 지평선의 융합』, 서울: 길, 1998.
이기백, 『한국사 신론』, 서울: 일조각, 1985.
이동식, 『한국인의 주체성과 도』, 서울: 일지사, 1977.
이재준, 교육과정이론의 새로운 패러다임 모색: 탈근대적 교육과정 담론과 신유학 사상, 『교육과정연구』, 24(3), 2006, 1-23쪽.
이재준, 묵자의 교육학적 읽기: 유가와 묵가의 대립 구도를 중심으로, 서울대학교교육연구소, 『아시아교육연구』, 8(3), 2007, 55-79쪽.
이재준, 술이부작과 온고지신의 교육학적 해석, 한국인격교육학회, 『인격교육』, 5(2), 2011, 67-83쪽.
평암 이계학 박사 화갑기념논문선집 간행위원회 편, 『인격의 형성과 교육』, 서울: 원미사, 1997.
한국철학사상연구회, 『강좌 한국철학』, 서울: 예문서원, 1995.
中國孔子基金會 編, 『中國儒學百科全書』, 北京: 中國大百科全書出版社, 1997.
문화재청 홈페이지(www.cha.go.kr)
소수서원 관리사무소 홈페이지(seonbichon.yeongju.go.kr)

7장 도가의 교훈

도덕경(道德經)
장자(莊子)
김용옥, 『노자와 21세기(上)』, 서울: 통나무, 1999.
노자, 『도덕경』, 노태준 역, 서울: 홍신문화사, 1994.
劉笑敢, 『노자철학: 노자의 연대고증과 텍스트 분석』, 김용섭 역, 수원: 청계, 2000.
쉬캉성, 『노자평전』, 유희재·신창호 역, 서울: 미다스북스, 2005.
이강수, 『이강수 교수의 노장철학이해』, 서울: 예문서원, 2005.
장자, 『장자 선해』, 송찬우 역, 서울: 도서출판 세계사, 1991.
정영희, 노장사상의 교육생태학적 함의, 한국학중앙연구원 한국학대학원, 박사학위논문, 2007.
정영희·조정호, 『교육사 교육철학 입문』, 파주: 교육과학사, 2008.

풍우란, 『중국철학사』, 정인재 역, 서울: 형설출판사, 1996.

8장 불가의 교훈

마스다니 후미오, 『붓다: 그 생애와 사상』, 반영규 옮김, 서울: 도서출판 대원정사, 1987.
박선영, 『불교의 교육사상』, 서울: 동화출판공사, 1981.
方立天, 『불교철학개론』, 유영희 역, 서울: 민족사, 1992.
배한철, 원효대사의 진짜 초상화는 왜 일본 사찰에 있나, 매일경제 & mk.co.kr, 2016. 9. 12.
方立天, 『불교철학개론』, 유영희 역, 서울: 민족사, 1992.
서산 대사, 『선가구감』, 법정 역, 서울: 홍법원, 1976.
신영복, 『더불어숲』, 서울: 랜덤하우스중앙, 2003.
원효 외, 『한국의 불교사상』, 이기영 역, 서울: 삼성출판사, 1989.
정영희·조정호, 『교육사 교육철학입문』, 파주: 교육과학사, 2008.
헤르만 헷세, 『싯다르타』, 박찬기 역, 서울: 을유문화사, 1978.

제3부 서양 철학의 교훈

9장 고대 그리스 철학

Platon, *Politeia.*
Platon, *Theaetus.*
고틀립, 앤소니, 『서양철학의 파노라마 I』, 이정우 역, 서울: 산해, 2002.
네틀쉽, R. L., 『플라톤의 교육론』, 김안중 역, 서울: 서광사, 1990.
램프레히트, S. P., 『서양철학사』, 김태길·윤명로·최명관 역, 서울: 을유문화사, 1998.
로빈슨, 데이브 지음·그로브스, 주디 그림, 『철학』, 오숙은 역, 서울: 김영사, 2001.
보르트, 미하엘, 『철학자 플라톤』, 한석환 역, 서울: 이학사, 2003.
스텀프, 새뮤얼 이녹 · 피저, 제임스 지음, 『소크라테스에서 포스트모더니즘까지』, 이광래 역, 서울: 열린책들, 2004.
아리스토텔레스, 『니코마코스 윤리학』, 최명관 역, 서울: 서광사, 1984.
야마모토 미쓰오, 『최초의 철학자들』, 지영환 역, 서울: 대원사, 1990.

이재훈, 『플라토철학연구』, 서울: 탑출판사, 1981.
플라톤, 『플라톤의 국가·정체』, 박종현 역주, 서울: 서광사, 1997.
플라톤, 『플라톤의 네 대화편, 에우티프론/소크라테스의 변론/크리톤/파이돈』, 박종현 역주, 서울: 서광사, 2003.
한국동서철학연구회, 『동서철학통론』, 대전: 문경출판사, 1989.

10장 헬레니즘시대와 중세 철학

김요한, 헬레니즘과 기독교 철학, 범한철학회, 『범한철학』, 26, 2002, 39-57쪽.
김요한, 이슬람 철학적 신학 '칼라암'(kalām)에 미친 기독교 철학의 영향: 마이모니데스의 『당혹한 자들의 안내서』를 중심으로, 『범한철학』, 67(4), 2012, 141-163쪽.
김정명, 중세 이슬람 세계에서의 철학과 종교 간의 갈등: 이슬람 신플라톤 철학과 전통적 창조관 간의 충돌, 『대동철학』, 61, 2012, 33-62쪽.
김정명, 아랍어-라틴어 번역 운동이 유럽의 르네상스에 미친 영향, 『인문과학연구논총』, 35(1), 2014, 175-214쪽.
램프레히트, S. P., 『서양철학사』, 김태길·윤명로·최명관 역, 서울: 을유문화사, 1998.
롱, 앤소니 A., 『헬레니즘 철학』, 이경직 역, 서울: 서광사, 2000.
스텀프, 새뮤얼 이녹·피저, 제임스 지음, 『소크라테스에서 포스트모더니즘까지』, 이광래 역, 서울: 열린책들, 2004
와인버그, J. R., 『중세철학사』, 강영계 역, 서울: 민음사, 1984.
이명원, 이집트 영화를 통해 본 이집트인의 의식구조 연구, 『아랍어와 아랍문학』, 11(1), 2007, 269-299.
이상섭, 자기인식에 대한 아우구스티누스와 토마스 아퀴나스의 이론비교, 범한철학회, 『범한철학』, 45, 2007, 99-129쪽.
이상인, 스토아의 자유 정초, 범한철학회, 『범한철학』, 36, 2005, 37-69쪽.
이원삼, 이슬람 윤리관-인간론을 중심으로, 『한국이슬람학회논총』, 17(2), 2007, 1-30.
이창대, 스토아윤리학의 인식론적 기초, 『철학』, 62, 2000, 83-106쪽.
이희수, 중국 광저우(廣州)에서 발견된 고려인 라마단 비문에 대한 한 해석, 『한국이슬람학회논총』, 17(1), 2007, 63-80.
장준희, 중앙아시아 이슬람 문화의 성격, 『한국이슬람학회논총』, 20(3), 2010, 1-33.

전광식, Philosophia Arabica: 초기 아랍철학의 발전과 철학의 정의 - 신플라톤주의의 영향을 중심으로, 『대동철학』, 45, 2008, 317-340쪽.

조남진, 『헬레니즘 지성사』, 서울: 신서원, 2006.

조정호, 라마단에 대한 인격교육적 해석, 『인격교육』, 8(3), 2014, 59-72쪽.

질송, 엔티엔느, 『중세철학사』, 김기찬 역, 서울: 현대지성사, 1999.

황의갑·김정하, 이슬람세계-유럽 문명의 지적 교류, 『한국중동학회논총』, 34(4), 2014, 161-181쪽.

Bakhtiar, L. (Ed.), *Ramadan: Motivating Believers to Action, an Interfaith Perspective.* Chicago: Kazi Publicatiion, 2011.

Heiligman, D., *Holidays around the World: Celebrate Ramadan and Eid al-fitr.* Des Moines, Iowa: National Geographic Children's Books, 2009.

Martin, Richard C. et al. (Ed.), *Encyclopedia of Islam and the Muslim World.* New York: Thomson Gale, 2004.

Muhaiyaddeen, M. R. Bawa, *The Fast of Ramadan.* Philadelphia: The Fellowship Press, 2005.

꾸란-한국어(http://www.el-quran.com/mobile/translate.php?l=12)

한국이슬람교 중앙회(www.koreaislam.org)

Brill Online Reference Works(www.brill.com/online-resources)

Makkah Islamic Calendar(www.makkahcalendar.org)

11장 근대 철학

강영안, 데카르트의 코기토와 현대성, 『철학연구』, 29, 철학연구회, 1991, 3-29쪽.

김정주, 「데카르트와 칸트의 "Cogito"」, 한국칸트학회, 『칸트연구』, 4, 1999, 134-163쪽.

김준열, 데카르트의 객관적 확실성에 관한 논구, 서울대학교 철학과, 『철학논구』, 33, 2005, 25-42쪽.

김효명, 영국경험론에서 관념의 문제, 서울대학교 철학사상연구소, 『철학사상』, 15, 2000, 193-223쪽.

김효명, 『영국의 경험론』, 서울: 아카넷, 2001.

데카르트, 르네, 『철학의 원리』, 원석영 역, 서울: 아카넷, 2002.

데카르트, 『방법서설(성찰·세계론)』, 권오석 역, 서울: 홍신문화사, 2007.

듀란트, 윌, 『철학 이야기: 위대한 철학자의 생애와 사상』, 황문수 역, 서울: 문예출판사, 1993.
램프레히트, S. P.,『서양철학사』, 김태길·윤명로·최명관 역, 서울: 을유문화사, 1998.
루드비히, 랄프,『쉽게 읽는 칸트 정언명령』, 이충진 역, 서울: 이학사, 1999.
백승현, 17세기 지식혁명과 근대 정치학의 인식론적 변환의 토대: 베이컨과 데카르트를 중심으로,『시민정치학회보』, 6, 2003, 1-25쪽.
베이컨, 프랜시스,『신기관: 자연의 해석과 인간의 자연 지배에 관한 잠언』, 진석용 역, 서울: 한길사, 2001.
칸트, 임마누엘,『실천이성비판』, 백종현 역, 서울: 아카넷, 2002

12장 현대 철학

교육학사전편찬위원회 편,『교육학대사전』, 서울: 교육서관, 1987.
권택영 편,『포스트모더니즘과 문화』, 서울: 문예출판사, 1991.
김성기,『포스트모더니즘과 비판사회과학』, 서울: 문학과 지성사, 1993.
김욱동,『포스트모더니즘의 이론 문학·예술·문화』, 대우학술총서 인문사회과학 63, 서울: 민음사, 1992.
김형효,『데리다와 노장의 독법』, 철학·종교연구실 편, 성남: 한국정신문화연구원, 1994.
김형효,『텍스트이론과 원효사상의 논리적 독법: 원효의 사상과 그 현대적 의미』, 철학·종교연구실 편, 성남: 한국정신문화연구원, 1994.
마단 사럽 외,『데리다와 푸꼬 그리고 포스트모더니즘』, 임헌규 역, 서울: 인간사랑, 1994.
보드리야르, 장,『시뮬라시옹』, 하태환 역, 서울: 민음사, 1992.
보드리야르, 장,『소비와 사회』, 이상률 역, 서울: 문예출판사, 1993.
보드리야르, 장,『섹스의 황도』, 정연도 역, 김진석 편, 서울: 솔 출판사, 1993.
보드리야르, 장,『생산의 거울』, 배영달 역, 서울: 백의, 1994.
유혜령, 전통 아동 놀이 연구의 대안적 접근: 의미론적 해석, 한국교육인류학회 편,『교육인류학연구』, 4(3), 2001, 153-177쪽.
유혜령, 아동교육연구의 현상학적 접근: 역사와 과제, 한국교육인류학회 편,『교육인류학연구』, 8(1), 2005, 57-88쪽.
윤평중,『포스트모더니즘의 철학과 포스트마르크스주의』, 서울: 서광사, 1992.
이남인,『현상학과 해석학』, 서울: 서울대학교 출판부, 2004.

이동식, 『한국인의 주체성과 도』, 서울: 일지사, 1977.
이홍우, 『교육의 개념』, 서울: 문음사, 1991.
정범모, 『교육과 교육학』, 서울: 배영사, 1969.
제임슨, 프레드릭, 포스트모더니즘과 소비사회, 김욱동 편, 『포스트모더니즘의 이해』, 서울: 문학과 지성사, 1990.
조용환, 『사회화와 교육: 부족사회 문화전승 과정의 교육학적 재검토』, 서울: 교육과학사, 1997.
조용환, 『질적 연구: 방법과 사례』, 서울: 교육과학사, 1999.
조용환, 내 안의 전통: 전통문화와 교육의 자전적 생애사 연구, 한국교육인류학회 편, 『전통, 교육, 그리고 질적연구』, 추계학술대회, 2006, 21-32쪽.
조정호, 지식정보화 시대의 비전, 여의도 순복음교회, 굿피플대학 강연원고, 2003.
조정호, 지식교육에 대한 반성, 교육인적자원부, 『교육마당』, 21, 2003, 34-37쪽.
조정호, 전통문화의 실체에 대한 교육인류학적 반성, 한국교육인류학회 편, 『전통, 교육, 그리고 질적연구』, 추계학술대회, 2006.
최봉영, 『주체와 욕망』, 서울: 사계절, 2000.
최봉영, 「21세기와 문화디자인」, 『문화와 사람』, 사계절, 2000.
최종욱, 탈현대론의 한국적 수용에 대한 비판적 소론, 사회·민속연구실 편, 『포스트 논쟁과 사회의식 연구』, 서울: 한국정신문화연구원, 1994.
푸코, 미셸, 『성의 역사1: 앎의 의지』, 이규현 역, 서울: 나남, 1990.
푸코, 미셸, 『성의 역사2: 쾌락의 활용』, 문경자·신은영 공역, 서울: 나남, 1991.
푸코, 미셸, 『성의 역사3: 자기에의 배려』, 이혜숙·이영목 공역, 서울: 나남, 1991.
푸코, 미셸, 『지식의 고고학』, 이정우 역, 서울: 민음사, 1992.
평암 이계학 박사 회갑기념논문집 간행위원회 편, 『인격의 형성과 교육』, 서울: 원미사, 1997.
Barbu, Z., *Problems of Historical Psychology* (Grove press, 1960), 임철규 역, 『역사심리학』, 서울: 창작과 비평사, 1983.
Basseches, M., *Dialectical Thinking and Adult Development*, Norwood, New Jersey: Ablex Publishing Corporation, 1984.
Baudrillard, J., *America,* Chris Turner trans., NY: Verso., 1988.
Bollow, O. F., 『실존철학과 교육학』, 이규호 역, 서울: 배영사, 1976.
Capra, F., *Uncommon Wisdom* (New York: Simon and Schuster, Inc., 1988), 홍동선 역, 『탁월한 지혜: 비범한 인물들과의 대화』, 서울: 범양사, 1989.
Dave, R. H., Foundations of lifelong education: some methodological aspects,

Dave, R. H. (Ed.), *Foundations of Lifelong Education, UNESCO Institute for Education,* Paris: Pergamon Press, 1978.

Eccles, J. C., *Evolution of the Brain: Creation of the Self* (Routledge, 1989), 박찬웅 역, 『뇌의 진화: 자아의 창조』, 서울: 민음사, 1998.

Eysenck, H. J. & Arnold, W. (Eds), *Encyclopedia of Psychology*, London: Search Press, 1972.

Foucault, M., Beyond *Structuralism and Hermeneutics,* Chicago: University Chicago Press, 1983.

Fromm, E., *Psychoanalysis and Religion* (New Haven: Yale University Press, 1971), 박근원 역, 『정신분석과 종교』, 서울: 전망사, 1979.

Hawkins, D. R., Power Vs Force, 이종수 역, 『의식혁명』, 서울: 한문화, 1997.

Husserl, E., P*hänomenologische Psychologie,* vorlesungen sommersemester 1925 (Martinus Nijhoff, 1968), 신오현 역, 『현상학적 심리학 강의: 후설의 현상학적 심리학 I』, 서울: 민음사, 1992.

LeCompte, M. D., Millroy, W. L., & Preissle, J. (Eds), *The Handbook of Qualitative Research in Education*, San Diego: Academic Press Inc., 1992.

Lee, S. J. (Ed.), *Life-Span Development.* Seoul: Seoul National University, 1996.

Marx, K., *The Poverty of Philosophy*, Moscow: Progress Publishers, 1978.

Riegel, K. F., Toward a dialectical theory of development. *Human Development. 18*, 1975.

Shweder, R. A., *Thinking through Cultures: Expeditions in Cultural Psychology* (Harvard University Press, 1991), 김의철·박영신 역, 『문화와 사고』, 서울: 교육과학사, 1997.

White, J. P., Creativity and education: a philosophical analysis, Dearden, R. F., Hirst, P. H., & Peters, R. S. (Eds), *Education and the Development of Reason.* London: Routledge & Kegan Paul, 1972, pp. 132-148.

부록

국립국어원 홈페이지의 표준국어대사전(http://www.korean.go.kr)

이계학, 『자아계발 프로그램: 교육학 Work Book』, 서울: 교육과학사, 1980.

이계학, 『자아계발 프로그램: 교수용』, 서울: 동덕여자대학 출판부, 1982.

필자들의 소장 자료

찾아보기

저자소개

이재준

한국학중앙연구원 한국학대학원에서 교육학을 공부하여 철학박사 학위를 수여 받았다. 현재 동양교육사상을 교육학적으로 해석하는 작업에 전념하고 있으며, Louisiana State University 박사후연구원을 거쳐, 경북대, 성균관대, 한국교원대, 한국항공대에서 강의하였으며 한국체육대학교에 출강하고 있다. 저서로 『우리는 왜 주희인가?』(한국학술정보), 『인격과 교육 사이의 파열음』(양서원) 등이 있으며, 주요 논문으로는 『교육과정이론의 새로운 패러다임 모색』, 『도덕 교육과 도덕과 교육의 딜레마』, 『묵자의 교육학적 읽기』, 『술이부작과 온고지신의 교육학적 해석』 등이 있다.

(연락처: ljj933@gmail.com)

정영희

한국학중앙연구원 한국학대학원에서 동양교육철학을 공부하여 철학박사 학위를 수여 받았다. 현재 교육생태학과 인격교육에 대한 연구에 전념하고 있으며 한국체육대학교에 출강하고 있다. 저서로 『교육사 교육철학 입문』(교육과학사)이 있으며, 논문으로는 『노장사상의 교육생태학적 함의』, 『교육생태학 구성 방향에 대한 연구』, 『노장의 문명보기가 인격교육에 주는 의미』, 『악기에 나타난 예교와 악교의 의미』 등이 있다.

(연락처: jadesheep@hanmail.net)

조정호

한국체육대학교 교육철학 교수

한국정신문화연구원에서 교육학을 공부해 철학박사를 수여 받았고, 한국문화를 질적연구(質的研究)로써 연구하여 인격교육을 탐구하고 있다. 서울보건대(현 을지대학교) 교육학 교수로 재직하였고, 서울대학교 아시아태평양교육발전연구단 특별연구원으로 연구했으며, 고려대, 단국대, 서울대, 연세대, 항공대에 출강하였다. 한국교육인류학회 회장, *Journal of Moral Education* 논문심사위원 등을 역임하였고, 한국인격교육학회 부회장 등을 맡고 있다. 저서로는 『교육사 교육철학 입문』(교육과학사), 『지혜, 동서 패러다임의 협연』(청계)과 『근대와 교육 사이의 파열음』(아이필드) 등이 있으며, 논문으로는 「홍익인간의 통일이념화 과제」, A Dilemma in Moral Education in the Republic of Korea 등이 있다.

(연락처: jade@knsu.ac.kr)

[3차 개정판] **현대사회와 철학**

2007년 9월 10일 초판 발행
2009년 9월 3일 개정판 발행
2013년 2월 25일 2차개정판 발행
2017년 3월 3일 3차개정판 1쇄 발행
2022년 8월 30일 3차개정판 2쇄 발행

저자와의 협의하에 인지생략

저 자 : 조정호 · 이재준 · 정영희
발행인 : 한 정 주
발행처 : 교육과학사

경기도 파주시 광인사길 71
전화(031)955-6956～8/팩스(031)955-6037
Home-page : www.kyoyookbook.co.kr
E-mail : kyoyook@chol.com
등록 : 1970년 5월 18일 제2-73호

낙장 · 파본은 교환해 드립니다.
Printed in Korea.

정가 14,000 원
ISBN 978-89-254-1151-4